JN025759

山梨ならではの豊かさ

～地方が注目される時代へ～

今井 久・公益財団法人山梨総合研究所　編著

ぎょうせい

まえがき

　山梨総合研究所は、県内唯一の地域シンクタンクとして1998年の設立以来、「地域から未来が見える」をテーマに掲げ、産業界、自治体、大学等と連携し、自治体の計画策定支援、自主研究・自主事業などを通じて、地域社会が抱える課題の解決に向けて調査・研究を進めてきた。

　スタッフは現在、理事長である私の他に、専務理事1名、調査研究部長1名、主任研究員6名、研究員2名、補助スタッフ3名の計14名で構成されている。その内、県内の自治体からの出向者は4名、県内の企業からの出向者は3名である。

　業務内容は、受託研究と自主研究とに大きく分かれている。業務の中心は受託研究であり、具体的には県内の自治体からの委託研究が中心となっている。例えば、各自治体の「総合計画」「健康・福祉計画」「国土強靭化計画」などの計画立案である。

　自主研究は多岐に亘っているが、地域の課題解決や、地域の活性化に関係する研究が多い。例えば、山梨における地域の問題解決のため、ソーシャルビジネスの創出や持続的な事業活動を支援することを目的とした「やまなし未来共創 HUB」プロジェクトがある。また、今年度には「地方自治体に関する課題研究会」を立ち上げた。

　山梨総合研究所は2023年4月に創立25周年を迎える。そのため、今年度を25周年の記念の年と位置付け、いくつかの記念事業を計画してきた。7月30日には、創立25周年記念フォーラム「これからの自治体のあり方とは?」を、第1回目の「地方自治体に関する課題研究会」として開催した。

　さて、山梨の産業に目を向けると、「ものづくり」の産業が最も盛んである。一方、世界文化遺産である富士山に象徴される自然にも恵まれている。その他にも、素晴らしい地域資源がたくさんある。桃やぶどうの生産量日本一、ワイナリーの数も日本一、健康寿命日本一、エコロジカル・フットプリントによる環境負荷の低さ日本一、移住定住先としても日本のトップクラス等々、数え上げたらきりがない。

　山梨総合研究所の使命の一つとして、地域の価値を再認識し、地域と連携しつつ地域社会の発展に貢献していくことが挙げられる。そのためにも、山梨県の地域

資源と豊かさとの関係を客観的に紹介することが必要であると考えた。本書の出版も創立 25 周年の記念事業の一つに位置付けられている。

　本書では、山梨県の特徴ある資源を取り上げ、豊かさとの関係を探っていくが、山梨県が他の都道府県と比べて優れているということを言いたい訳では決してない。日本のそれぞれの地方にはそれぞれの資源があり、それらがその地域の豊かさと大きく結びついている。山梨県が地方の豊かさを考える先行事例になることを期待している。

山梨総合研究所 理事長

今井 久

目　次

まえがき ………………………………………………… 1

序　章　パラダイムシフト ………………………………… 5

第1章　「持続可能な社会」のフロントランナーへ ……… 15
　　　　〜山梨県エコロジカル・フットプリント国内最小〜

第2章　健康寿命日本一の山梨 ……………………………… 41
　　　　〜それを支える無尽という人のつながり〜

第3章　製造業の特化係数トップクラスの山梨 ………… 59
　　　　〜その変遷から見えてくるもの〜

第4章　山梨の農村地域の豊かさと農業の楽しさ ……… 81
　　　　〜人と地域が紡ぐストーリー〜

第5章　山梨ワインの歴史と展望 ………………………… 103
　　　　〜先人の汗が築いた山梨の豊かさを未来へ〜

第6章　ミネラルウォーター生産量日本一の山梨の水 ‥ 137
　　　　〜生活に浸透した水〜

終　章　本著を読む視点と本著からの展開の視点 …… 163
　　　　〜「豊かな地方」の再確認〜

資　料　データから見る山梨県の概要 ………………… 193

執筆者一覧

序章 # パラダイムシフト

はじめに　2018 年 6 月、東京の岩波ホールで「マルクス・エンゲルス」という映画を観た。カール・マルクス生誕 200 年を記念して作られた映画である。筆者自身、特別マルクスを崇拝しているわけではないが、資本論に書かれている「労働の搾取」と、それが原因ともされる「格差」には関心があった。そんな思想がどのようにして育まれたのか、若き日のマルクスには興味があった。

　映画の冒頭は、官吏たちが馬に乗って森を駆け巡り、森に落ちている枝を拾っている人々を追い回し、更には暴力を加えるシーンであった。それ以前は、森の恵みはみんなのものであったが、その当時に制定された「木材窃盗取締法」によって、森の所有者は落ちている枝を拾う人々を窃盗罪で捕えようとしていた。

　そんな時代背景の中、1840 年代のヨーロッパでは産業革命が進行していた。プラスの面は経済成長であるが、マイナスの面は、産業革命が生んだ社会のひずみにより広がった格差である。貧しい人の割合が増え、人々は不当ともとれる労働を強いられていた。20 代半ばのカール・マルクスは、搾取と不平等な世界に対して政治批判を展開していたが、それによってドイツを追われてしまう。フランスへ移り住んだマルクスは、パリでフリードリヒ・エンゲルスと再会、深い友情をはぐくんでいった。そして生まれたのが「共産党宣言」である。これはその後の「資本論」へと繋がっていく。

1 ｜ 資本主義の行き詰まり

　「資本論」が世に出て 150 年余りが過ぎているが、世界中で経済格差は次第に大きくなり、そして深刻になってきている。過去 50 年の先進主要国の社会における所得

の不平等さを測る指標であるジニ係数を見てみると、アメリカ、イギリス、ドイツ、フランスといった先進国では増加傾向にある。日本も例外ではない。どの国も所得格差が増加してきている。

　2013年にトマ・ピケティによって書かれた「21世紀の資本」では、過去300年に遡り、資本の収益率と経済成長率を比較している【1】。その研究では、資本の収益率が経済成長率を上回っていることが検証された。要するに、資本を持っている人の場合、その資本は経済成長より高い割合で増加するので、資本を持っている人と持っていない人の経済格差は広がることになる。資本の有無による経済格差が広がってきたことを歴史的に証明したのである。

　2014年8月の朝日新聞には、「偏る富と雇用:所得上位1割の収入、全国民の5割」の記事が掲載された【2】。アメリカでの話である。また、2018年1月、国際NGO「オックスファム」は、世界で1年間に生み出された富（保有資産の増加分）のうち82%を、世界で最も豊かな上位1%が独占し、経済的に恵まれない下から半分（37億人）は財産が増えなかったとする報告書を発表した【3】。

　2021年には、「世界不平等レポート2022」が発表された【4】。このレポートは、前述したトマ・ピケティが設立した「世界不平等研究所」がまとめたものである。このレポートでは、世界の上位1%の富裕層が、世界の富の37.8%を所有し、更には、上位10%は世界の富の76%を保有していることが報告された。

　経済格差以外の点においても、最近では資本主義の行き詰まりが指摘されている。例えば、2021年に新書大賞の大賞を受賞した「人新世の資本論」を例に挙げよう【5】。人新世とは、オゾンホールの研究でノーベル化学賞を受賞したパウル・クルッツェンらが提唱した概念である。具体的には、人類が地球の地質や生態系に与えた影響に注目して提案された、地質時代における現代を含む区分である。ただし、地質学の国際組織である「国際地質科学連合」に公式に認められた時代区分ではない。簡単に言うと「人間の新たな時代」を意味している。恐竜が生きていた時代区分は「中生代」そして「白亜紀」である。その後、「新生代」「第四紀」と続き、「完新世」から人類の活動は始まり現代まで続いている。しかし、産業革命以後の約200年間に人類がもたらした戦争や森林破壊における環境への影響や気候変動はあまりに大きく、「完新世」はもはや人類中心の「人新世」となっているというのが、パウル・クルッ

ツェンらの主張である。

　豊かさを求めて世界中が追い求めてきた資本主義であるが、「人新世の資本論」では、経済成長を支えるため、多くの資源を求めて地球を開発してきた結果、人類はこれまで経験したことのない気候変動の危機に直面していると主張している。

　資本主義がグローバル化していく中、人は豊かになるために地球を開発し、その先にある自然資源などを商品化して経済成長を遂げてきたが、「人新世」では資本主義が膨張を繰り返したことで、地球に限界がきていると分析している。

2 ｜ 時代の流れ

　そんな中、世界中が脱炭素社会に向けて動き始めている。SDGs である。2015 年9 月 25 日の国連総会において、持続可能な開発のために必要不可欠な、向こう 15年間の新たな行動計画として「我々の世界を変革する：持続可能な開発のための2030 アジェンダ」が可決された。2030 年までに達成すべき持続可能な開発目標（SDGs）として 17 の世界的目標と 169 の達成基準が示された。

　日本においても、そして山梨においても、日常の経済活動に SDGs は浸透してきている。筆者としては、SDGs に関する取り組みは、例えば企業の活動においては、「SDGs のために何かをしている」ということではなく、SDGs にそぐわない活動を排除するようなベンチマークとして使うことが望ましいと考えている。我々の活動すべてが SDGs に即していないと、持続可能な社会は達成されないのではないだろうか。

　SDGs の中でも、特に環境問題は注目されている。スウェーデンの環境家として知られているグレタ・トゥーンベリは、主に地球温暖化の弊害を訴え続けている。彼女の活動は、環境問題に関心のある若者を中心に、世界中から支持を得ている。

　彼女の活動は、カナダの環境問題活動家であるセヴァン・スズキを彷彿させる。今から 30 年前の 1992 年、当時まだ 12 歳の彼女は、リオデジャネイロで開催された環境サミットにおいて、子どもの視点からの環境問題についての講演を行い、満場の拍手喝采を博した。この講演は「伝説のスピーチ」として今も語り継がれている。「大人のみなさん、どうやって直すのかわからないものを、壊し続けるのはもうやめてください。」と環境破壊を止めることを訴えた。

注目を集めたスピーチであったが、世の中を変えるまでには至らなかった。時代である。同じような活動をしているグレタは今や時の人である。時代がそうさせているし、地球環境に関しては待ったなしの時代が訪れていることも後押ししている。

3 | 新しい価値観

　環境問題、地球温暖化、脱炭素化を考えるとき、一つのキーワードがある。「エコロジカル・フットプリント」である。エコロジカル・フットプリントとは、人間の活動において、地球環境にかけている負荷の大きさを表す指標である。人間が使用する資源を再生産するための土地の面積と、廃棄物の浄化に必要な土地の面積の合計を表している。環境に負荷をかける要因の例としては、二酸化炭素（CO_2）などの温室効果ガスの排出や、森林伐採などによる資源の利用、魚を過剰に捕獲することなどがある。

　2021年3月、総合地球環境学研究所は、都道府県別のエコロジカル・フットプリントを発表した【6】。結果は、47都道府県の中で、山梨県のエコロジカル・フットプリントが最低で、東京都が最高であった。換言すると、人口一人当たりにおいて、山梨県の環境負荷が日本で一番低く、東京都が一番高かった。

　詳細は第1章で説明するが、地球環境を考えるとき、こからからは山梨県のような地方が注目され、重要な役割を担うようになってくるのではないだろうか。「人新世の資本論」では、グローバル資本主義の限界も指摘されている。我々は、より早く、より遠く、より多くモノを運べるようになり、人やモノの移動こそが今日における世界の豊かさの根源とも考えられる。一方、化石燃料を含めた膨大な資源が消費され、地球環境がますます破壊されてきてしまった。私たちの根本的な生存条件を脅かす事態が、まさに行き過ぎてしまったグローバル資本主義がもたらしたマイナスの結果であり、それがいかに破壊的であったかのを示している。

　山梨総合研究所でも同じような問題意識を持って、地域の企業の研究を始めた。2020年度から自主研究として、山梨県中小企業家同友会との共同により、「地域において持続可能な経営を行うためには何が必要なのか」を明らかにすることを目指した調査研究を開始した。この研究では、地域に根差した中小企業が、その経済活動を将来にわたり持続可能なものとしていくため、企業と地域社会との「つながり」を

核とした経営に着目し、今後の中小企業経営の指針を示すことを目的としている。グローバル経済に対抗する概念として、地域への貢献を測る新たな「地域のものさし」を模索している。

4 ｜ コロナ禍の影響

　このような流れに、新型コロナウイルスのまん延が拍車をかけたと言っても過言ではない。新型コロナウイルス感染症の最初の患者が中国の武漢で確認されたのが、2019年12月1日であった。その後、武漢において新型コロナウイルス感染症患者は増え続け、12月31日には世界保健機関（WHO）に正式に報告された。

　この感染症は世界中に拡がり、日本では、2020年1月16日に武漢への渡航歴のある男性が最初の患者として確認された。その約1か月後、横浜に停泊したクルーズ船における集団感染事例で検出されたのは記憶に新しい。その後、急速にコロナ患者が急速に増加し、今になっても収束には至っていない。

　2020年と2021年は、コロナに振り回された2年間だった。筆者は大学で教えているが、コロナ前には、遠隔授業などと言うものは実際に行ったことがなかったし、ましてや考えたこともなかった。それが、2020年4月の新学期から、授業は原則遠隔対応になった。LINEなどのSNSも学生との情報交換に必要なツールとなった。今となれば、多くの教員は遠隔授業のプロとなった。というより、遠隔授業ができないと仕事にならないのである。

　企業においても、リモートワークが当たり前になり、会議に関しても、遠隔で行われるケースが多くなった。会議に関しては遠隔で行うメリットも確認され、アフターコロナにおいても、遠隔での会議はなくならないと思われる。

　また、このような就労形態の変化は、我々のライフスタイルにも変化をもたらしてきた。どこにいても仕事ができるのであれば、家賃や生活費の高い都会を敬遠し、自然豊かで暮らしやすい地方を選ぶ人も増えてきた。

5 ｜ 地方が注目される時代

　山梨県は、訪れる人口を増やすために「週末は山梨にいます」をキャッチフレーズに、キャンペーンを行ってきた。このキャッチフレーズは、平日は都心へ向かう（仕事へ向かう）大人が、週末は「いやし日本一の県・山梨」でリフレッシュする時間を過ごすイメージを表現している。

　21世紀は水と空気の時代であると考えると、山梨県は都会の人々があこがれるであろう「美しい山の都、森の都」である。そこで、首都圏に位置する地理的優位性により、首都圏を重点エリアとし、時間的経済的にゆとりのあるシニア層を主たるターゲットにした「身近なオトナの田舎」としてのイメージ定着を図った。換言すると、首都圏のシニア層をメインターゲットとした「滞在型の観光地づくり」である。これは山梨にとって重要な戦略であり、今後も進めていくべきであると考えている。

　一方、新しい価値観のもとでは、違った戦略も考えられる。筆者が、2021年12月12日の毎日新聞に寄稿したコラムのタイトルは「週末は東京にいます」である【7】。以下がその内容である。

　『総務省が先日公表した国勢調査の確定値によると、2020年10月1日時点の山梨県の人口は81万人を下回った。5年ごとの調査であるので5年前との比較となるが、約2万5千人減少した。全国的に見ても、前回の41番目から42番目に後退した。

　しかし、ここ1年を見てみると違った傾向も見えてくる。今年の10月1日までの1年間における山梨県の人口の社会増減は306人の増加であった。わずかではあるが、年間で社会増になったのは2001年以来、月別でも、10月1日まで6か月連続で増加している。

　過去20年を振り返ってみると、毎年平均で約2000人の社会減があり、最も多い年では3377人の社会減を記録している。そう考えると、ここ1年の社会増は画期的なことであり、コロナ禍における人々の価値観の変化が要因であることは間違いない。

　東京圏にアクセスが良く、自然が豊かで、経済的にも暮らしやすい山梨を移住先として選ぶ人が増えてきているのではないだろうか。県内でデジタル関連の仕事をされている方によると、都内から山梨に移住してきたデジタルクリエーターは少なくないとい

う。遠隔で仕事をするケースが多いため、生活環境を考えて山梨に移住してきている。

　若者にとっても、山梨は居住地として魅力的な存在になりつつある。ただ、重要なのはそこでの仕事である。更に言うと、仕事や生活における自己実現感が重要になってくる。

　遠隔で仕事ができる環境があり、東京圏での会社で仕事ができる場合、山梨にいながら自己実現が達成できる。課題は、県内の企業が若者が自己実現できるような環境を提供できるかどうかであり、そのためには企業側の意識改革も必要となる。

　一方、遊びも含めていろいろな意味で東京圏が魅力的に感じる人も少なくない。そこで、山梨に居住しながら、週末は東京に出かけていくといったライフスタイルは今後増えてくるのではないだろうか、これも、東京圏にアクセスがいい山梨ならではの魅力である。筆者も、ここ1−2年はコロナ禍の影響で出かけてはいないが、東京に行って刺激をもらうことも多々ある。

　山梨にいながら東京も、そんなライフスタイルが定着してきたら山梨県の人口減にも歯止めがかかるのではないだろうか。』

　このコラムでは、山梨県の魅力を取り上げているが、本書では山梨県が他の県と比べて優れているということを言いたい訳では決してない。日本の地方にはそれぞれ特徴ある資源があり、魅力があり、それらがその地域の豊かさと大きく結びついている。

6 ｜ 結びに代えて

　以上述べてきたように、持続可能な社会を目指していくためには、資本主義に関して、そして環境問題に関して大きな価値観の変化が起こっているのではないだろうか。いわゆるパラダイムシフトである。そんな中で起こっているコロナ禍であるが、労働も含めたライフスタイルに関する価値観も大きく変化してきている。日本においては、地方がより注目される時代になってきているのではないだろうか。

　本書では、日本の一地方である「山梨県」の特徴ある地域資源に注目して、それらと豊かさを関連付け、山梨県の豊かさとどのように関係しているのかを考えていき

たいと思っている。

　第1章では、前述した「エコロジカル・フットプリント」について解説する。日本において、都道府県別のエコロジカル・フットプリントが発表されたのは初めてであったが、山梨県の環境負荷が日本で一番低い要因に迫る。

　第2章では、日本でトップクラスを保っている「健康寿命」に注目した。なぜ、山梨県の健康寿命は長いのだろうか。地域における繋がりが関係しているのだろうか。地域における保健活動が関係しているのだろうか。これらの疑問に対して、総合的に山梨県における健康寿命の長さの背景に迫る。

　第3章では、山梨県の産業に注目した。山梨県はものづくり産業が盛んであり、製造業の特化係数は日本のトップクラスである。山梨におけるものづくりに焦点を当て、その変遷と今後について議論する。

　第4章では、山梨の自然の中で育まれてきた農業に注目した。山梨の農業と言うと、ぶどうや桃などの果樹栽培が特徴的であるが、その他にも県の北西部に位置する北杜市の大規模農業や、有機農業に関しても、事例を交えて触れていく。

　第5章では、山梨の主要な農作物である「ぶどう」から作られるワインに注目した。甲州市の勝沼が日本におけるブドウの発祥の地であることはよく知られているが、その日本最古のぶどうの品種は甲州種であり、日本最古のワイナリーも山梨県に存在したとされている。山梨で育まれたワイン文化と人々の生活を説明する。

　第6章では、自然資源である「水」に注目した。山梨県は、ミネラルウォーターの生産量が日本一であり、それも、2位以下の県と比較して断トツに高い。そんな水が、山梨県民の生活にどのように関係してきたか、そして、山梨県民の豊かさにどのように影響してきたかを説明する。

　終章では、「本著を読む視点と本著からの展開の視点」というタイトルで、本著の意義や課題を、地方行政という視点も交えて議論する。

　本書では、地域の特徴ある資源と豊かさとの関係を、山梨県の例を挙げながら説明していくが、山梨県に住んでいる人には、山梨県ならでは豊かさを再認識してほしいと思っている。また、山梨県以外の人には、自分の住んでいる地域の資源、そしてそれらによってもたらされている豊かさを考える一助になることを切に願っている。

　この章は、山梨総合研究所 News Letter Vol.289-2（2022 年 8 月 31 日公開）「地方が注目される時代」を加筆修正したものである。

参考文献

【1】　トマ・ピケティ（2013）「21 世紀の資本」，みすず書房

【2】　「偏る富と雇用：所得上位 1 割の収入、全国民の 5 割」朝日新聞，2014 年 8 月 21 日，朝刊

【3】　報告書「Reward Work, Not Wealth」，国際 NGO「オックスファム」，2018 年 1 月 22 日

【4】　World Inequality Report 2022, World Inequality Lab, 2021 年 12 月 7 日

【5】　斎藤幸平（2020）「人新世の資本論」，集英社

【6】　Kazuaki Tsuchiya, Katsunori Iha, Adeline Murthy, David Lin, Selen Altiok, Christoph D.D. Rupprecht, Hisako Kiyono, Steven R. McGreevy (2021) "Decentralization & local food: Japan's regional Ecological Footprints indicate localized sustainability strategies" *Journal of Cleaner Production*

【7】　行動するシンクタンク 21 世紀 do tank 発「週末は東京にいます」，毎日新聞山梨版，2021 年 12 月 12 日，朝刊

第 1 章 「持続可能な社会」のフロントランナーへ

～山梨県エコロジカル・フットプリント国内最小～

はじめに

「自然が答えを持っている」

2015 年にノーベル生理・医学賞を受賞した山梨県出身の大村智博士による、人間と自然の関係を示した重要なメッセージである。土壌にある微生物で多くの人々の未来を救う医薬品を開発した博士は、あらゆる問題やニーズに対する答えは自然の中にある、と言う。

ところが、近年、地球環境は急激に悪くなっている。気温は上昇し、森林や生きものなどは減少し、世界各地で異常気象、森林火災、資源枯渇などが起きている。その影響で、人間の生命や生活が奪われ、貧困や飢餓など、さまざまな問題が生じている。2020 年には新型コロナウイルスのパンデミックが世界を震撼させたが、その背景にも自然破壊があると言われている。気温上昇や自然破壊など地球環境の悪化は、人間が森林を伐採し、温室効果ガスを放出してきたことが原因であり、このままでは私たちの日常生活はさらに脅かされていく。

この状況を変え、安心で安全な社会を実現するには、2030 年までの私たちの行動にかかっている。自然資源は無尽蔵と考えて、モノを作り、使い、捨てる行動を改め、限りある自然資源の範囲内で、公平に分配し利用することが求められている。そのためには、まず自然資源をどれくらい利用できるかを知り、人間が消費する量とのバランスを測ることが大切である。

本章の目的は、持続可能な社会を実現するためには、自然資源と消費のバランスを測り、指標を使った環境負荷の可視化が有効であること、さらに地域の特徴に沿った改善策が効果的であることを紹介するものである。

1 ｜ 人と自然のつながり

1.1 ｜ パンデミックの背景にあるもの

　2020 年、新型コロナウィルス感染症のパンデミック（世界的な大流行）が起き、人々は移動や接触を控え、仕事や収入が激変するなど大きな打撃を受けた。感染症が広がる背景には、人間が農業や畜産のために森林を伐採したり、野生動物を捕獲して売買したりすることがあると考えられている。人間が森林を農地などに変えたことによって、野生動物はすみかを失い、人間との距離が近くなる。野生動物などを宿主として自然界に存在していたウィルスは、野生動物や家畜を介して、人間に感染する能力をもつようになり、感染症を引き起こす。感染症の歴史を振り返ると、最近新たに出現した感染症の約 70% は動物由来である[1]。また、温暖化によって、カなどウィルスを媒介する生きものの生息域が広がり、これまで発生しなかった地域にまで感染症が生じるようになった[2]。感染症のリスクと地球環境の健全さとは深いつながりがある。

1.2 ｜ 地球環境の危機

　過去 50 年間で、世界の経済発展が進む一方で、地球環境は悪化した。50 年前と比べると、世界は物質的に豊かになった。世界実質 GDP（国内総生産）は 1970 年と比べて 2020 年には 4.5 倍[3]、また石油や石炭など一次エネルギー消費量は 1965 年に比べて 2020 年には 3.6 倍に増加した[4]。一方で、事業活動などから生じた大気汚染や水質汚濁によって、特定の地域の人々が深刻な健康被害を受けた。また世界各地で森林を破壊したり、自然資源を過剰に利用したりした。これらの問題に取り組むため、1972 年の国連人間環境会議を経て、1992 年には「環境と開発に関する国連会議（地球サミット）」が開催され、気候変動枠組条約や生物多様性条約が採択された。国際社会はいまも世界共通の課題として地球環境の回復に努めている。

＊1　IPBES（2020）, *IPBES Workshop on Biodiversity and Pandemics.*
＊2　環境省（2007）,『地球温暖化と感染症』
＊3　世界銀行 GDP データ（2022）, GDP (constant 2015 US$) | Data（worldbank.org）
＊4　資源エネルギー庁（2022）,『令和 3 年度エネルギーに関する年次報告』

　しかし、地球環境はなおも危機的な状況にあり、対策が追いついていない。地球がもつ9つの分野が安全に機能する範囲（プラネタリー・バウンダリー）のうち、気候や生物多様性など4つの分野で、すでに限界を超えてしまったとの報告もある。[5]

　世界の気候は変動し、危機的状態である。気象庁によると2020年の世界平均気温は、2016年と並んで観測史上最高であった。ヨーロッパでの高温、北米での森林火災、南米での干ばつ、アフリカでの洪水など、次々と異常気象が発生している。[6]また、ブラジル、インドネシア、オーストラリアなど、2020年4月の世界の森林火災警報の数は2019年4月と比較して13%増加した。[7]さらに、世界気象機関（WMO）によると、暴風雨や干ばつなど世界の気象災害の件数が過去50年間で5倍に増加し、11,000件以上の災害が発生、200万人以上が死亡、経済的損失は3.6兆ドル（約400兆円）にのぼる。[8]異常気象を招いた温暖化の原因は、人間が、モノを作り、使い、捨てることから生じる温室効果ガスで、大気、海洋及び陸域の気温を上昇させたことにある。[9]

　森林、海洋、野生動植物など自然も、気候と同じく深刻な状況にある。科学と政策をつなぐプラットフォームである政府間組織IPBES[10]が作成した報告書によると、世界の陸地の75%は改変され、海洋の66%は影響を受け、湿地の85%が消失した。また、約100万種の野生生物がすでに絶滅の危機にある。[11]さらに、過去50年間で生きものの豊かさが69%失われたとの報告もある。[12]

　その背景には、世界各地の消費傾向、経済や貿易のしくみ、人口の増加などが

＊5　J.Lokrant/Azote on Steffen, W. et al.（2015）, *Planetary boundaries: Guiding human development on a changing planet*, Science,347.
＊6　気象庁（2021）,『気候変動監視レポート2020』
＊7　WWF（2020）, *Fire, Forest and the Future:A crisis raging out of control?*
＊8　World Meteorological Organization（2021）, WMO ATLAS OF MORTALITY AND ECONOMIC LOSSES FROM WEATHER, CLIMATE AND WATER EXTREMES（1970–2019）
＊9　IPCC（2021）,「第6次評価報告書」環境省和訳　http://www.env.go.jp/press/109850/116628.pdf
＊10　Intergovernmental science-policy Platform on Biodiversity and Ecosystem Services（生物多様性および生態系サービスに関する政府間科学-政策プラットフォーム）
＊11　IPBES（2019）,『生物多様性と生態系サービスに関する地球規模評価報告書』環境省和訳
＊12　WWF（2022）,『生きている地球レポート2022』

ある。自然が失われる直接の原因は、土地と海洋の改変、動植物の採取、気候変動、汚染、外来種の侵入である。これらは、人間が食物を作るために森林を伐採して農地にしたり、海や川で魚介類を獲りすぎたり、開発のために干潟を埋め立てたりしたことなどで生じる。[11] とくに食料を得るための土地や海の利用は大きく、世界の陸地の三分の一と利用可能な淡水の四分の三は農作物の生産と畜産に利用されている。[11]

自然とそれらのつながりである生物多様性が失われると、私たちの生命、生活、社会や経済をも失うことになる。人間は、飲み水、空気、食料、林産物や医薬品など、生活に必要なものをすべて自然から得ている。世界の食用作物の約75%は花粉を媒介する動物によって作られ、約40億の人々は医療や健康のために天然由来の薬を利用している。[11] また自然は、気候の調節、森林の保水、サンゴ礁の防波など、防災や減災の機能もある。

1.3 持続可能な開発目標の達成に必要なこと

2015年に採択された国連「持続可能な開発目標」（SDGs）を達成するためには、地球環境の悪化を食い止め、回復させることが必要である。「持続可能な開発」とは、将来世代のニーズを損なうことなく、現在の世代のニーズを満たす開発であり、地球環境が保たれることである。[13]

SDGs は、貧困、紛争、環境破壊など世界共通の課題を解決するため、17の目標と169のターゲットを設定している。2021年の報告によると、世界の人口78億人のうち、約24億人が健康でバランスのとれた食事を取れず、数十億人が安全な飲料水と衛生を利用できていない。[14] 飢餓や貧困は、異常気象の発生や紛争などで自然資源を十分利用できない地域で生じることが多く、地球環境と深くつながっている。SGDs の8つの目標（貧困、飢餓、健康、水、都市、気候、海洋、陸地）が設定する具体的なターゲット44項目のうち80%にあたる35項目は、生物多様性や生態系が悪化したために達成できなくなっている。[11] SDGs 設定に先立つ2010年、世界が2020年までに達成すべき20の生物多様性目標（愛知目標）が設定されたが、

＊13　Brundtland, G. H.,（1987）, *Our Common Future*, UN WCED
＊14　United Nations（2021）, *The Sustainable Development Goals Report 2021*

結果的には、各項目をすべて達成できた目標はひとつもなかった。[*15]このままでは、生物多様性は回復せず、SDGsも達成できない。

　生物多様性を回復させるためのカギとなるのは、「持続可能な生産と消費の実現」である。世界の2020年生物多様性目標のなかには、目標4「持続可能な生産と消費の行動の実施と、自然資源の利用の影響を生態学的限界の十分安全な範囲内に抑えること」が設定されたが、達成していない。引き続き、森林や海洋の保全を進めるだけでなく、生産と消費を持続可能な形への移行を加速させる必要がある。生物多様性の回復のための将来シナリオ研究によると、保全と再生、持続可能な生産、消費の削減などを合わせることで、2030年までに回復の軌道に乗せられることが明らかになった[*16]（**図1**）。

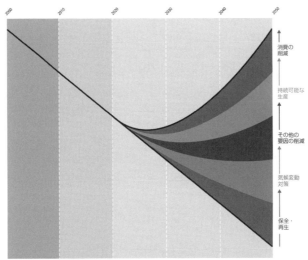

原出所：Secretariat of the Convention on Biological Diversity, 2020, Global Biodiversity Outlook 5
出典：環境省，2021，地球規模生物多様性概況第5版

図1 ｜ 生物多様性の損失を減らし、回復させる行動のポートフォリオ

＊15　生物多様性条約事務局（2021），『地球規模生物多様性概況第5版』環境省和訳
＊16　Leclère, D., et al.（2020），*Bending the curve of terrestrial biodiversity needs an integrated strategy*. Nature.

2 | 持続可能な生産と消費の指標 エコロジカル・フットプリント

　2020年生物多様性目標の目標4のうち「自然資源の利用の影響を生態学的限界の十分安全な範囲内に抑えること」の達成状況を測る指標のひとつとして、エコロジカル・フットプリントが使用された[*15]。生物多様性の回復に役立てるため、自然資源の利用状況を測る指標として、エコロジカル・フットプリントの考え方と具体的な調査結果を紹介する。

2.1 | エコロジカル・フットプリントの考え方

　エコロジカル・フットプリントとは、地球の自然資源はどれくらいあるか、また人間が自然資源をどれくらい利用しているかを数値で示したものである。私たちは、地球にはどれくらいの自然があって利用できるかを知らずに、自然の恵みを受けてきた。これは貯金や収入がいくらかも知らずに支出を続けているようなものである。1990年頃、カナダのブリティッシュコロンビア大学のウィリアム・リース教授と、マティス・ワケナゲル博士は、世界各国はどれくらい自然資源を持ち、消費しているかを、「エコロジカル・フットプリント（生態系に対する踏みつけ面積）」の考え方を使って明らかにした。

　人間が自然資源を使い、排出するとき、地球が自然を再生し、排出物を吸収する速度を超えなければ、地球環境は維持できる。人間の消費や排出を「需要」とし、地球の生産や吸収を「供給」とすると、需要が供給の範囲内であれば持続可能といえる。人間の需要量と地球の供給量を可視化し、比べたものがエコロジカル・フットプリント分析であり、持続可能性を測る羅針盤の役割を担う。

　森林や水域が、動植物を育んだり、二酸化炭素を吸収したりする地球の供給する力のことをバイオキャパシティ（生物生産力）とし、土地と水域の面積として数値化する。この総計を世界人口で割ると、1人当たりバイオキャパシティ、すなわち世界の人々が均等に使用するときに1人が使える地球の面積がわかる。

　一方、私たちが生活するうえで必要なものを作ったり、排出したりする人間の需要量はエコロジカル・フットプリントとする。これらに必要な陸地と水域の面積を算出し、

比較できるよう換算し、グローバル・ヘクタール（gha）という独自の単位で表す。た
とえば、コメを生産するのに使う耕作地、木材や紙などを作るときに使う森林、魚介
類などを採取するときの海洋、肉類などの生産に使う牧草地、石油石炭の利用など
で排出される二酸化炭素を吸収するのに必要な森林など、それぞれの面積を算出す
る（**図2**）。世界全体のエコロジカル・フットプリントの総計を世界人口で割ると、1人
当たりのエコロジカル・フットプリント、すなわち1人が消費し排出する量がわかる。

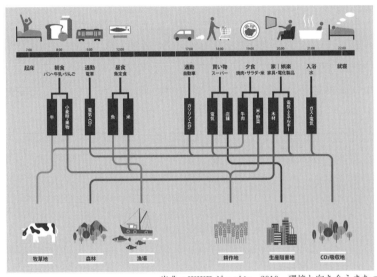

出典：WWF ジャパン，2019，環境と向き合うまちづくり

図2 ｜ 暮らしのフロー

エコロジカル・フットプリントには次のような3つの特徴がある。

包括的：森林、土壌、海洋、気候などの負荷を総合的に知ることができる。

貿易関係：自国での消費と生産、海外との輸入と輸出を合わせて測るため、サプライ
チェーンの影響がわかる。

世界共通：国連機関のデータを使い、また国際基準の計算方法が確立している。

　一方、エコロジカル・フットプリントではわからないことや課題もある。淡水の取水や
化石燃料など再生できない資源の消費は計算に入れていない。また、原子力発電に

よる放射能で汚染された土地、使用済み燃料や温排水による損失などの負荷は含まれていない。さらに人間以外の野生生物が消費する自然資源についても含まれていない。[17]

2.2 ｜ 日本の状況と 47 都道府県別調査

エコロジカル・フットプリントを都道府県別に算出すると、地域の違いを知ることができ、改善策への手がかりになる。47 都道府県別の調査『あなたの都道府県の暮らしは地球何個分？』では、エコロジカル・フットプリントによる地域の違いが示されている。[18] この研究は、人間文化研究機構総合地球環境学研究所のプロジェクト（FEAST プロジェクト No.14200116）の一環として行われた。当時の最新データ（2014 年）を使って、総合地球環境学研究所、東京大学、グローバル・フットプリント・ネットワーク、WWF ジャパンが協力しておこなったものである。以下に概要を紹介する。

2.2.1　日本の暮らしは地球 2.8 個分

< 地球 2.8 個分 >

日本の 1 人当たりエコロジカル・フットプリントは 4.74gha である。一方、世界の 1 人当たりバイオキャパシティは 1.68gha である。日本の 1 人当たりエコロジカル・フットプリントは、世界の 1 人当たりバイオキャパシティに比べて 2.8 倍（=4.74 ÷ 1.68）となる。日本の需要は地球が供給する 2.8 倍を消費、つまり、もし世界の人々が日本と同じ暮らしをしたら、地球が 2.8 個必要になることを示す。さらに、世界の 1 人当たりエコロジカル・フットプリント 2.84gha と比べると、日本は世界平均の 1.67 倍（=4.74 ÷ 2.84）となり、日本の消費が世界平均と比べて 67% 大きいことがわかる。

< 四分の三は二酸化炭素吸収地 >

日本の環境負荷が何によって生じているか知るため、エコロジカル・フットプリントを

---

*17　和田・伊波（2013）,「エコフット分析の考え方、計算方法、できることとできないこと」『BIOCITY』No.56

*18　Tsuchiya.K., et al（2021）, *Decentralization & local food: Japan's regional Ecological Footprints indicate localized sustainability strategies*, Journal of Cleaner Production 292, https://doi.org/10.1016/j.jclepro.2021.126043

土地別にみると、二酸化炭素吸収地（排出する二酸化炭素を吸収するために必要な森林）が全体の74.3%を占め、最大である。次いで、耕作地9.8%、漁場7.2%、森林5.3%である（**図3**）。

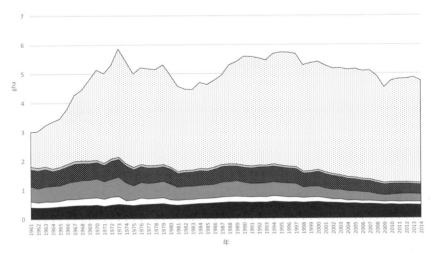

出典：グローバル・フットプリント・ネットワーク，NFA2018

図3 ｜ 日本のエコロジカル・フットプリント（1人当たり）の推移

＜食、住居・光熱、交通の消費で75%＞

　暮らしのどこで負荷が発生しているかを消費項目別で調べると、家計のなかでは、食27%、住居・光熱27%、交通21%、その他のサービス・財25%で、食、住居・光熱、交通の3分野で75%を占める[19]（**図4**）。食のエコロジカル・フットプリントのなかでは、加工食品（50.5%）が最も多く、ノンアルコール飲料（13.6%）、魚（8.0%）、肉（6.8%）の順である[18]。加工食品は生産過程で、水産物、小麦、野菜、果物など原料を生産する耕作地と、加工時の包装や輸送時に排出する二酸化炭素を吸収する土地が必要になるため、負荷が大きくなると考えられる。住居・光熱のエコロジカル・フットプリントでは、電気、ガス、その他燃料が約80%を占める。また、交通の

＊19　WWFジャパン（2019），『環境と向き合うまちづくり』

エコロジカル・フットプリントの内訳は、自動車の維持管理、購入が約70%を占め、[18] いずれもほとんどが二酸化炭素にかかわる負荷である。

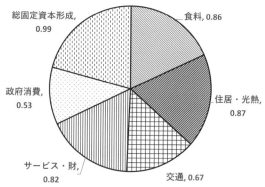

出典：総合地球環境学研究所・FEAST プロジェクトのデータより作成

図4 ｜ 消費項目別のエコロジカル・フットプリント（1人当たり）

< 約80%を海外の自然資源に依存 >

日本の暮らしは、海外から輸入する自然資源に支えられており、依存の割合は80%を超えている。主な輸入国は中国、米国、オーストラリアなどである。日本の1[19]人当たりエコロジカル・フットプリントは4.74ghaだが、日本国土の1人当たりバイオキャパシティは0.6ghaと小さい。日本の生活を支えるのに国内の自然資源だけを利用したとしたら、日本が7.9個分（=4.74÷0.6）必要となる。その不足分は海外のバイオキャパシティに依存している。

2.2.2 都道府県で違いがあり、山梨県が最小

都道府県別の1人当たりエコロジカル・フットプリントを測ると数値に差がある（**表**）。最も大きかったのは東京都、最も小さかったのは山梨県であった。

順位	地域	EF（gha）	順位	地域	EF（gha）	順位	地域	EF（gha）	順位	地域	EF（gha）
1	東京都	5.24	13	静岡県	4.68	25	奈良県	4.52	37	福井県	4.32
2	北海道	5.11	14	兵庫県	4.67	26	鹿児島県	4.50	38	福島県	4.30
3	香川県	5.04	15	三重県	4.66	27	山形県	4.48	39	岐阜県	4.29
4	神奈川県	4.98	16	石川県	4.65	28	愛媛県	4.47	40	長崎県	4.29
5	徳島県	4.90	17	愛知県	4.65	29	岩手県	4.46	41	青森県	4.19
6	京都府	4.82	18	埼玉県	4.63	30	群馬県	4.45	42	和歌山県	4.19
7	福岡県	4.80	19	宮城県	4.62	31	大阪府	4.44	43	佐賀県	4.15
8	千葉県	4.79	20	山口県	4.61	32	島根県	4.43	44	熊本県	4.12
9	広島県	4.75	21	富山県	4.60	33	茨城県	4.43	45	沖縄県	4.12
10	高知県	4.74	22	長野県	4.59	34	岡山県	4.41	46	鳥取県	4.11
11	栃木県	4.73	23	滋賀県	4.53	35	新潟県	4.40	47	山梨県	4.06
12	大分県	4.72	24	宮崎県	4.52	36	秋田県	4.34			

出典：総合地球環境学研究所・FEAST プロジェクト，2019

表　｜　都道府県別エコロジカル・フットプリント（1 人当たり）

　47 都道府県の数値の違いは、地域の暮らし方の特徴によるものとみられる。主な消費である食料、住居・光熱、交通の 3 つのカテゴリーごとに 1 人当たりエコロジカル・フットプリントを比べてみると特徴があらわれる。食カテゴリーで、最大なのは東京都であり、食の大消費地であることが伺える。住居・光熱カテゴリーでは沖縄県が最大であり、地域の主な電力会社によって二酸化炭素排出係数（1kWh の電力を作り出すときに排出する CO_2 量を表す数値）が異なる結果と考えられる。さらに、交通カテゴリーでは、栃木県が最大であり、くるま社会の特徴と関係があるかもしれない。

< エコロジカル・フットプリント全国最小の山梨県 >
　1 人当たりエコロジカル・フットプリントが最も低かった山梨県は、最も高かった東京都よりも 22.5%（＝(4.06 － 5.24)/5.24）小さく、また日本平均 4.74gha と比べて 14.3%（＝(4.06 － 4.74)/4.74）小さい（**図 5**）。

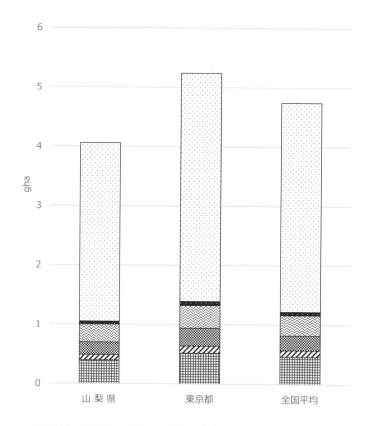

出典：総合地球環境学研究所・FEAST プロジェクトのデータより作成

図5 ｜ 山梨県・東京都の土地別エコロジカル・フットプリント（1 人当たり）

　また、山梨県の、食、住居・光熱、交通、の消費エコロジカル・フットプリントをみると、どれかひとつが突出して低いのではなく、3 項目がどれも低いレベルにあり、総合でエコロジカル・フットプリントが全国最小となったと考えられる。3 つのカテゴリーの山梨県のエコロジカル・フットプリントを他県と比べると以下のとおりである。

・食は、全国で 5 番目に低く、最も高い東京都の約 80%。

・住居・光熱は、全国で 9 番目に低く、最も高い沖縄県の約 72%。

・交通は、全国で 6 番目に低く、最も高い栃木県の約 74%。

今後、山梨県の食文化や暮らし方などライフスタイルを詳しく調べることで、特徴や背景を理解できれば、エコロジカル・フットプリントをさらに小さくできる。また、産業の生産構造、海外との貿易なども含めて調査すると、「生産」「消費」「貿易」の3つの特徴がわかり、課題がわかりやすくなる。

2.2.3　大都市ほど環境負荷は大きい

自治体の規模別にエコロジカル・フットプリントを測った調査では、大都市であるほどエコロジカル・フットプリントが大きいことがわかった（**図6**）。

また、地域の都市化率、高齢化率、収入状況と、エコロジカル・フットプリントの関係を調べてみたところ、食カテゴリーでは、都市化、高齢化、収入が高い地域でエコロジカル・フットプリントが高い傾向にある一方、住居・光熱費、交通カテゴリーでは、関係がみられなかった。[*18]

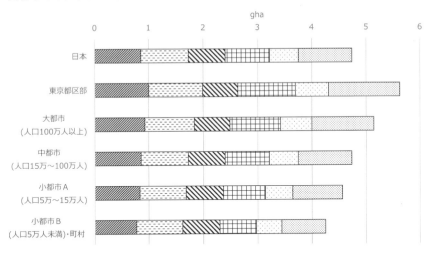

出典：総合地球環境学研究所・FEAST プロジェクトのデータより作成

図6　都市規模別エコロジカル・フットプリント（1人当たり）

2.2.4　エコロジカル・フットプリントを下げる暮らし

都道府県別の調査結果をまとめると以下のとおりである。
・もし世界の人々が日本と同じ暮らしをしたら、地球2.8個分が必要である。

・日本の消費では、食、住居・光熱、交通の 3 つのカテゴリーで合計 75% を占めた。

・エコロジカル・フットプリントの数値が最も低かったのは山梨県、最も高かったのは東京都。山梨県は東京都より 22.5% 少なかった。

・食カテゴリーのエコロジカル・フットプリントでは、魚・穀物・野菜などの加工食品が約 50% を占めていた。

・大都市ほどエコロジカル・フットプリントは大きい傾向がある。

・住居および交通カテゴリーでは、二酸化炭素による負荷が大半を占めた。発電方法などによって決まるエネルギー効率が影響している。

これらの結果から、エコロジカル・フットプリントを下げるには、次のような暮らし方が有効と考えられる。

・食生活を見直し、加工食品よりも旬の地元産品の消費を増やす。

・再生可能エネルギーなど脱炭素型エネルギー源への転換を進める。

・都市集中ではなく分散型の居住と経済を推進する。

とくに食生活の見直しは、日常生活で取り組みやすい。一般的に、加工食品は、製造、加工、流通など生産地から食卓までの工程が多く、環境への負荷が高い傾向にある。一方、地元で採れる旬のものは少ない工程で消費されることが多い。加工食品は必要なときに必要な量を利用することとし、地元産の旬のものを中心にすることが環境への負荷を抑えることにつながる。

2.3 | 世界の状況

2.3.1　地球の供給能力を 75% 超えた人間の消費

国連などのデータを参考にしたエコロジカル・フットプリント最新（2018 年）の数値[20]をもとに、世界全体の概況をまとめる。

○バイオキャパシティ（地球の生物生産力）

世界の総量：121 億gha

---

*20　Global Footprint Network（2022）, Open Data Platform, https://data.footprintnetwork.org/?_ga=2.252689417.1016253793.1652926444-1911259638.1638515887#/

1 人当たり：1.58gha

○エコロジカル・フットプリント（人間の環境負荷）

世界の総量：212 億gha

1 人当たり：2.77gha

人間の需要は地球の供給能力の 1.75 倍（=212 ÷ 121）、つまり 75% オーバーシュート（需要超過）している。人間の需要を満たすためには地球約 1.8 個分の自然資源が必要で、超過分は次世代の資源を食いつぶしている状態、と言えよう。

世界のエコロジカル・フットプリントは 1970 年頃に地球 1 個分を超過してから増え続け、2011 〜 2018 年は約 1.7 個前後を推移している[20]（**図 7**）。さらに、2017 年の実績数値に人口や消費傾向などの追加情報を加えた 2020、2021 年の推計値による[21]と、2020 年には新型コロナウィルスのパンデミックによる消費の落ち込みにより一時的に減少したものの、2021 年は 2019 年と同程度に戻っている。

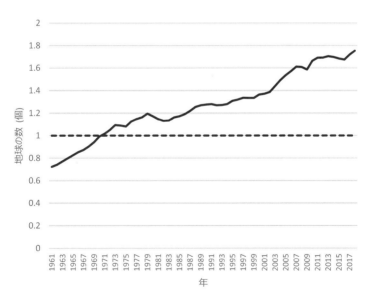

出典：グローバル・フットプリント・ネットワーク，2022

図7 ｜ 世界のエコロジカル・フットプリントの推移

2.3.2　資源利用の不均等

　各国のエコロジカル・フットプリントの違いは、それぞれの国の自然資源の利用状況を示している。各国のエコロジカル・フットプリントと世界平均のバイオキャパシティ（1.58gha）と比較すると、各国の暮らしを世界の人々がした場合に必要な地球の個数がわかる。[22]

　もし、世界の人々が米国と同じ生活をしたとしたら、地球 5.1 個分が必要。

　もし、世界の人々がインドネシアと同じ生活をしたとしたら、地球 1.1 個分。

　もし、世界の人々がインドと同じ生活をしたとしたら、地球 0.8 個分で足りる。

　また、国の所得とエコロジカル・フットプリントの関係を調査した報告書によると、所得が高い国の 1 人当たりエコロジカル・フットプリントは、所得が低い国の 3 ～ 4.5 倍であった。[23]また、所得が高い国ほどエコロジカル・フットプリントは大きい傾向にあるが、所得と比例するほどは増加していないという報告もある。[24]暮らしが豊かになるにつれ、エコロジカル・フットプリントは大きくなるが、ある程度豊かになれば、フットプリントが大きくなり続けるわけではない。これは生産の効率性が良くなることなどが要因と考えられている。

　先進国の人たちの生活の質を維持しつつ、いかに開発途上国の人たちの生活を改善していくかが重要な課題である。先進国では地球 1 個分以上の暮らしをしている一方で、途上国は地球 1 個分以下の暮らしであり、自然資源のかたよった分配が、人々の暮らしの質に影響している。各国の暮らしの質は、国連開発計画が毎年報告している人間開発指数（HDI）で知ることができる。HDI は、保健、教育、所得の 3 つの側面から人々の暮らしの質を測っている。人々の生活の質が良く、公平な分配の範囲で自然資源を利用する状態、すなわち、HDI が高く、エコロジカル・フットプリントが地球 1 個分に近い状態がのぞましい。この状態を示すのが、**図 8** の右下の四

＊21　Global Footprint Network（2021）, Earth Overshoot Day, https://www.overshootday.org/newsroom/press-release-june-2021-japanese/

＊22　Global Footprint Network, Open Data Platform Country Trend

＊23　WWF ジャパン（2015）,『地球 1 個分の暮らしの指標』

＊24　P. ダスグプタ（2021）,『生物多様性の経済学　要約版』WWF ジャパン和訳

角であり、そこに近づくよう各国の努力が求められる。

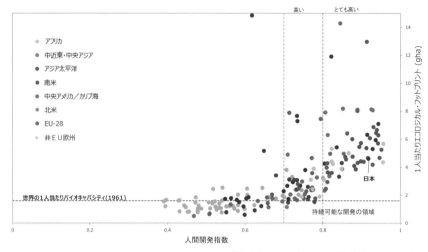

引用データ：National Footprint Accounts, 2022, Global Footprint Network.
Human Development Report, 2018, UNDP.

出典：グローバル・フットプリント・ネットワーク，2022

図8 │ エコロジカル・フットプリントと人間開発指数（2018）

3 │ 経済と環境は一体

　人間の暮らしに欠くことができない地球環境は、経済活動の基盤である。長年、環境と経済は対立するものと考えられてきた。戦後復興期から1960～70年代の高度成長期には、生活向上や経済の成長が優先されていた。産業界を中心とする考えは、1967年に制定された公害対策基本法（1993年に廃止）に、生活環境を保全するときには経済の発展との調和を図るとする「環境と経済の調和条項」を置くこととなった。[*25] 一方で、水俣病やイタイイタイ病など、人々の深刻な健康被害は社会問題となった。1970年には公害国会で調和条項が削除され、環境と経済の関係を見直す転換点となった。

＊25　公害対策基本法第1条第2項

　しかし、いまだ環境保全が本当に必要なのか、経済の成長を妨げるのではないか、と考える人たちもいる。背景には、地球環境と人間の経済活動の関係の考え方が関係している。ひとつには、「人間と自然界は別のシステム。資源や環境は無限で、ある資源が枯渇すれば、市場原理がうまく機能して価格が上昇し、消費は抑えられる。また科学技術が進み、代替品ができる」とする考えがある。[26]また、「人間は自然の一部。資源や環境は有限であり、資源が枯渇しそうになった場合に市場に解決をゆだねることはできない。また人間は複雑な生態系の代替をつくることはできない」というエコロジー経済学の研究者たちもいる。前述のエコロジカル・フットプリント分析は後者の考え方に基づく。

　これまで両者には大きな隔たりがあったが、主流派経済学の枠で活躍してきたケンブリッジ大学のダスグプタ教授は、2021 年に『生物多様性の経済学―ダスグプタレビュー』を発表し、エコロジカル・フットプリント分析の考え方を紹介した。[24]これは、経済学のなかで大きな変化といえよう。ダスグプタ教授は、経済成長には生態学的に限界があり、人間の需要は自然の供給能力を超えてはならないと主張した。また、自然は人間の外側にあるのではなく、人間も経済も自然の一部に組み込まれている、とした。

　「環境保全が必要なのはわかるが、作業や支出が増えてビジネスの成長や国際競争に支障がでるのではないか」との懸念もあるかもしれない。ほんとうにそうだろうか。日本の自動車業界は、1978 年に導入された自動車排ガスの厳しい規制をクリアしたことによって、国際競争力を強める結果となった。[27]また、気候変動対策と GDP 成長の関係をみると、高度成長期には、どこの国でも GDP の成長とともに二酸化炭素排出量が増えていた。しかし、スウェーデンとフランスでは、1990 年代の温暖化対策の結果、GDP が成長しても二酸化炭素排出量は増えなかった。[28]これらの事例などから、環境対策は経済成長を妨げるとの懸念は払拭されるだろう。

　逆に、いまや環境対策に取り組まなければ、ビジネスの競争から取り残される時代

＊26　和田喜彦（2020），「エコロジー経済学が目指すもの」『福音と世界』5 月号　新教出版社
＊27　環境省（2014），『平成 26 年版 環境・循環型社会・生物多様性白書』
＊28　諸富徹（2021），『環境と社会』放送大学教育振興会

である。国際社会では、持続可能な社会をつくるためにお金の流れを変えようとしており、金融投資の条件に気候変動対策など SDGs への取り組みを取り入れる動きが加速している。環境（Environment）、社会（Social）、企業統治（Governance）に配慮している企業を重視し、選別して投資をする ESG 投資が注目されている。日本の ESG 市場は、2020 年には 2016 年と比べて 5.8 倍、約 264 兆円の増であった。[29] 経済と環境は二つの別のモノではなく、一体である。

4 ｜ 豊かで持続可能な社会へ

4.1 ｜ 2030 年までに生物多様性の損失を回復軌道へ

地球環境の悪化を食い止めるには、これまでのようなペースと対策では不十分で、抜本的な対応が必要である。また、気候変動と生物多様性の減少とは相互につながっていることから、課題や対策を共有する動きが加速している。2020 年 9 月に開催された国連生物多様性サミットで、各国首脳たちは、2030 年までに生物多様性の減少を止め、回復軌道に乗せるための 10 項目の実施を約束する「リーダーによる自然への誓約」を宣言した。[30] 日本も 2021 年 5 月に当時の菅首相が参加を表明した。[31] 続く、2021 年 6 月の先進国首脳会議（G7）では、「2030 年自然協約」を宣言し、2030 年までに生物多様性の減少を止めて、反転させる強い意志を確認した。[32] また、2021 年 11 月に開催された第 26 回気候変動枠組み条約締約国会議（COP26）では、「グラスゴー気候合意」を採択し、気候変動と生物多様性は相互に依存しており、気候変動を抑えるためにも自然の回復が重要であることを確認した。[33] さらに COP 関連イベ

＊29　財務省（2020）、「ESG 投資について」https://www.mof.go.jp/about_mof/councils/fiscal_system_council/sub-of_kkr/proceedings/material/kyousai20211201-3-2.pdf

＊30　環境省（2021）、https://www.biodic.go.jp/biodiversity/activity/policy/message/files/LeadersPledge-jp.pdf

＊31　外務省（2021）、日英首脳電話会談　https://www.mofa.go.jp/mofaj/erp/we/gb/page4_005340.html

＊32　外務省（2021）、G7 コーンウォールサミット　https://www.mofa.go.jp/mofaj/ecm/ec/page4_005342.html

＊33　UNFCC（2021）、COP.26 Decision, Glasgow Climate Compact, https://unfccc.int/sites/default/files/resource/cop26_auv_2f_cover_decision.pdf

ントの世界リーダーサミットでは、2030年までに森林再生への目標を掲げた「森林・土地利用に関するグラスゴー・リーダーズ宣言」について、日本を含む141ヵ国の首脳が署名した。[*34]

2022年12月に開催予定の第15回生物多様性条約締約国会議（COP15）では、「ポスト2020生物多様性枠組」が採択される予定である。2030年までに生物多様性を回復の軌道に乗せるための緊急行動として、2022年4月時点で検討中の1次ドラフトは21のターゲットを設定している。そのなかには、ビジネスにおける負荷を半減させ、リスクを削減することなどが含まれており（ターゲット15）、[*35]実施項目の指標なども検討されている。[*36]生物多様性の回復には、持続可能な生産と消費を進め、2030年までに負荷を半減させることが重要である。さらに、その実行策の目標と結果を数値で可視化することによって行動が進み、成果につながる。

4.2 地域の特徴を活かした国内政策

国際的な「ポスト2020生物多様性枠組」の話し合いと並行して、2022年4月現在、環境省は次期生物多様性国家戦略づくりを進めている。取り組むべき課題として、生態系の回復策とともに、自然を活用した社会課題の解決、事業活動と生物多様性との統合、1人ひとりの行動変容、などが検討されている。[*37]

我が国の環境の基本となる計画では、めざすべき社会として「地域循環共生圏」を掲げている。[*38]これは、地域の景観や資源を活かして自立分散型の社会をつくり、資源を補いあうことで、環境・社会・経済のしくみが循環し、地域の活力が大きくなることをめざす考え方である。その政策の柱として「脱炭素社会」「循環経済」「分散型社会」の3つの移行をめざしている。[*39]次期生物多様性国家戦略もこれらの政策

＊34　Glasgow Leaders' Declaration on Forests and Land Use（2021）, https://ukcop26.org/glasgow-leaders-declaration-on-forests-and-land-use/

＊35　環境省（2021）、ポスト2020生物多様性枠組1次ドラフトの英文および仮訳 https://www.biodic.go.jp/biodiversity/about/treaty/files/1.0draft_post2020gbf.pdf

＊36　UN CBD（2021）, https://www.cbd.int/doc/c/437d/a239/12a22f2eaf5e6d103ed9adad/wg2020-03-inf-02-en.pdf

＊37　環境省（2022）、「次期生物多様性国家戦略素案の概要」 https://www.env.go.jp/council/12nature/mat4-1-3.pdf

＊38　環境省（2018）、『第5次環境基本計画』

と連動するとみられる。

　事業活動と生物多様性の統合は、私たちの未来を左右する重要なテーマである。実現には、事業活動が生物多様性に与える影響を評価し、生産や消費工程のどこでどの程度の負荷が発生するかを知り、減らすことが重要である。この課題の指標のひとつとして、エコロジカル・フットプリントを活用できる。また、都道府県や市町村などの自治体でも同様で、エコロジカル・フットプリントを活用して、それぞれの地域でどのような負荷が発生するかを知り、減らす施策を講じることができる。前述の都道府県別エコロジカル・フットプリント分析でわかるように、各地で消費や暮らしのスタイルに傾向があり、地域ごとの特性と消費傾向をつかめば、環境負荷をもっと減らすことができる。

　一方、地域ごとの社会課題として、高齢化、過疎化、自然災害などがある。それらを、地元の自然に沿った方法で解決することが、人と自然とが共生する道と考えられている。地域の自然資源を最大限に活用することは、バイオキャパシティ（生物生産力）を高めることにもつながる。さらに身近な自然資源を地域内で取引すれば輸送の負荷が減り、資源やお金が循環し、人々のつながりや雇用が生まれる。各地域の自然を利用した、焼物や織物、生活用品など伝統的な工芸品や文化は、精神的な豊かさや郷土への愛着につながる。風土や生活から生まれた作品に健全な美しさを見出した民藝運動の柳宗悦は、日常的に使われる民藝について、「一つの作品を作るということは、自然の恵みを記録しているようなものである」と述べている。[40]

4.3 ｜ 山梨から発信する「豊かさ」

　山梨県は、自然が豊かで、かつ環境負荷が少ない特徴がある。富士山や南アルプスなどの山々に囲まれ、ぶどうや桃などの農作物、ミネラルウォーターなど自然の恵みが豊富である。また、森林面積が県の78％を占め、全国4位、自然公園面積は[41]

＊39　環境省（2021）,『令和3年版　環境白書・循環型白書・生物多様性白書』
＊40　柳宗悦（1948）,『手仕事の日本』講談社
＊41　林野庁, 都道府県別森林率・人工林率（H29.3.31）https://www.rinya.maff.go.jp/j/keikaku/genkyou/index2.html

27% で全国 9 位、と国内有数の緑が多い地域でもある。一方で、山梨の暮らしは、エコロジカル・フットプリントが国内で最も小さく、環境負荷が少ない生活スタイルとなっており、持続可能な社会へのヒントを含んでいる。

2021 年改定版の山梨県総合計画では、「県民一人ひとりが豊かさを実感できるやまなし」を基本理念としている。安心安全で、次世代の資源を奪うことなく、地球が供給できる範囲内で暮らすことが、満足度の高い、豊かな社会と言えるだろう。人々の暮らし満足度向上と、環境への負荷削減とを両立させることが大切である。

各自治体は、さまざまな環境政策に取り組んだ結果、全体として環境負荷は減り、持続可能な社会に近づいているか知る必要がある。総合的な負荷削減の指標としてエコロジカル・フットプリントを使い、可視化できれば、県民が現状や目標を共有しやすくなる。また、県民一人ひとりのさまざまな取り組みが集約された結果が、エコロジカル・フットプリントの数値として表れれば、意欲の向上にもつながる。

さらに、エコロジカル・フットプリント分析には、行政、企業、大学、研究者、NGO など地域をよく知る人々が参画することで、具体的な施策や行動につながりやすくなる。例えば、2018 年、ポルトガルの 6 つの都市は、自治体、大学、研究者、NGO による 3 年間の共同プロジェクトとして、各都市のエコロジカル・フットプリントを計測し、市の持続可能性の政策の基礎資料としている。

国内でエコロジカル・フットプリントが最小である山梨県には、持続可能な生産と消費のヒントがある。山梨県の食習慣、生活や交通の特徴などから環境負荷が小さい要因を明らかにして、広げていけば持続可能な生産と消費が進む。さらに他の都道府県への良い事例ともなり、日本全体の環境負荷を減らすことにも役立つ。緑豊かで環境負荷が小さい山梨県のライフスタイルから、魅力ある持続可能な社会への道が開けることを願ってやまない。

---

*42 　環境省，自然公園都道府県別面積総括（R4.3.31）https://www.env.go.jp/park/doc/data/natural/naturalpark_4.pdf
*43 　山梨県（2021），『山梨県総合計画 2021 年改定版』
*44 　Global Footprint Network（2018), https://www.footprintnetwork.org/2018/10/27/almada-portugal-publicizes-city-footprinting-project-results/

BOX

■生物多様性と生態系

　生物多様性とは、生きとし生けるものたちのつながりのことである。さまざまな生物が直接または間接的に作用することで、さまざまな生態系をつくる。

　生態系とは、さまざまな動植物と大気、水、土壌などの自然を作る要素とをあわせたものである。人間を含む動物、植物や微生物などすべての生きものは、太陽光のエネルギーを源として、土壌や大気、水などの環境のなかでお互いに関わりあいながら、ひとつのまとまったしくみ、生態系をつくる。生態系を構成するさまざまな動植物や森・海・川などは相互に関係しあい、複雑なバランスを保っており、ひとたびバランスが崩れると影響は計り知れず、元に戻すことはできない。

▼生物の多様性はなぜ大切なのか

　環境のさまざまな変化やショックに対して、さまざまなタイプがあれば回復しやすくなる。遺伝子が多様であれば、その動植物は回復力が高くなり、たくさんの動植物がいれば、その生態系の回復力は高くなり、さらにさまざまな生態系があれば、地域の回復力が高くなる。生物多様性が豊かな地球環境があって、初めて人間の社会や経済が続けられる。

■エコロジカル・フットプリントとはなにか
▼定義

　ある地域の経済活動や、生活を営む人々の消費活動を支えるために必要とする生産可能な土地および水域面積の合計。人々の生活を維持するうえで必要な資源を産み出したり、排出する廃棄物を吸収したりするのに必要な土地と水域の面積を数値にしたもの。

▼3つの基本的な視点

　地球の供給と人間の需要を比較、分析するにあたっては、エコロジカル・フットプリント、バイオキャパシティ（生物生産力）、オーバーシュート（需要超過）という3つの柱がある。

<エコロジカル・フットプリント>

　ある期間（通常1年）に、ある集団が消費する資源を生産するために必要な土地や水域面積と、廃棄する二酸化炭素を吸収するのに必要な土地面積とを合計したもの。食卓に並ぶ肉、魚、米、野菜、乳製品などは、家畜のための牧草地、農作物のための耕作地、水産物を得るための海洋などで成り立っている。住居用の木材や紙は、森林から得られる。学校、病院、工場などのための土地や、人間が排出する二酸化炭素を吸収するための森林も必要である。計算に算入する土地は以下の6つの土地利用タイプに分けられる。

① 耕作地（食物、繊維物、油料、ゴムなどの生産に使用される土地）
② 牧草地（食肉、乳製品、皮革、羊毛などの家畜を養うために使用される土地）
③ 森林（木材、薪、パルプなどの生産に使用される土地）
④ 漁場（水産物の生産に使用される海洋）
⑤ 二酸化炭素吸収地（二酸化炭素を吸収する森林の面積）
⑥ 生産阻害地（建物、道路、ダムなどに使用される土地）

　これらは、同じ耕作地でも国によって、また耕作地と森林など土地利用タイプによって、生産性が異なるため、係数を用いて換算し、比較できるようにし、独自の単位グローバル・ヘクタール（gha）を使用する。

　エコロジカル・フットプリントの大きさは、人口、1人当たりの消費量、生産・廃棄効率の3つの要素が関係する。エコロジカル・フットプリントを小さくするには、1人当たりの消費量を抑えること、生産・廃棄効率をよくすることなどがある。

エコロジカル・フットプリント ＝ 人口 × 一人当たりの消費量 × 生産・廃棄効率

（出典：WWFジャパン，2015，地球1個分の暮らしの指標）

＜バイオキャパシティ＞

　地球が、ある期間（通常1年）に自然資源を再生産し、廃棄物（とくに二酸化炭素）を吸収する能力を数値化したもの。森林や海洋で動植物を育み、また大気中に廃棄された二酸化炭素を吸収する。この両者をあわせたものをバイオキャパシティ（生物生産力）という。その大きさは土地・水域面積を用いて測り、独自の単位グローバル・ヘクタール（gha）で表す。

計算に算入するのは、耕作地、牧草地、森林、漁場、生産阻害地の5つの陸域と水域の面積。バイオキャパシティの大きさは、面積と生産効率で決まる。土地面積が同じ場合、生産効率が上がればバイオキャパシティは増加する。

$$バイオキャパシティ = 面積 \times 生産効率$$

< オーバーシュート >

　世界のエコロジカル・フットプリントと地球全体のバイオキャパシティを比べて、エコロジカル・フットプリントがどの程度超過しているかを示したもの。人間の需要が地球の供給能力を超えている、つまり持続可能ではない状態。また、ある国でエコロジカル・フットプリントがその国のバイオキャパシティを超えている場合は、「生態学的赤字」という。この場合は、赤字を埋めるために貿易を通じてバイオキャパシティを他国から輸入することになる。

$$オーバーシュート = エコロジカル・フットプリント \div バイオキャパシティ$$

　オーバーシュートが発生し、地球が再生できる量を使い果たしたとしても、地球の基盤である自然資本を取り崩して一時的に自然供給量を維持できる。しかし、この状態がいつまで続けられるかわからず、突然自然が大崩壊する可能性がある。

▼エコロジカル・フットプリントはなにをどのように測るのか
< 使用するデータと計算の信頼性 >

　国連食糧農業機関（FAO）や国際エネルギー機関（IEA）など国際的な統計データを用いて計算する。その計算方法や分析の定義などは、各国の有識者が集まる諮問委員会で科学的に検討され、定期的に改善されている。

< 計算のまとめかた >

　人間の消費や廃棄に必要な土地や水域で示したものを「土地別エコロジカル・フットプリント」という。一方、どのような消費行動から負荷が発生するのかを知るため、土地別の結果をさらに環境拡張型産業連関分析をしたものを「消費項目別エコロジカル・フットプリント」という。
　消費項目は以下の3つに分類される。
・家計による短期消費（家計消費；食料、住居の維持運用、個人の交通、物品、サービスなどの支出）。
・政府が支払う消費（政府消費；公共サービス、公立学校、警察と統治、防衛などの支出）。
・長期的な資産（総固定資本形成；家の新築、企業の新工場や機械、政府の交通基盤など

の支出）。

なかでも家計消費は私たちの日常生活に密着している。具体的には国連の目的別家計消費分類（COICOP）に基づいて算定する。

①食料およびノンアルコール飲料　②アルコール飲料およびたばこ　③被服および履物　④住居・水道、電気、ガスおよび他燃料　⑤家具・家事用機器および家事サービス　⑥保険医療　⑦交通　⑧通信　⑨娯楽・レジャー・文化　⑩教育　⑪外食・宿泊　⑫その他

ある国の消費エコロジカル・フットプリント（EFc）は、国内で消費されたすべての資源と発生した二酸化炭素吸収のためのフットプリント（EFp）に、輸入品のフットプリント（EFi）を加え、輸出品のフットプリント（EFe）を引いたものである。輸入や輸出は、バイオキャパシティの取引ともいえる。

EFc = EFp + EFi - EFe

▼地域のエコロジカル・フットプリントの算定方法

トップダウンアプローチとボトムアップアプローチがある。前者は、国のエコロジカル・フットプリントを家計調査等の統計資料をもとに、各消費項目別の、国と調査対象の地域の消費量の違いを考慮して按分する方法。後者は、国のエコロジカル・フットプリントを求めるのと同様、生産時のエコロジカル・フットプリント、移入移出時のエコロジカル・フットプリントを算定し、計算する方法。本文で紹介した都道府県調査は、トップダウンアプローチでおこなわれた。

第 2 章

健康寿命日本一の山梨
〜それを支える無尽という人のつながり〜

はじめに 1999 年に厚生省の研究班から健康寿命の都道府県ランキングで男性が 1 位、女性が 3 位と報告され、その後もトップクラスを維持している（**図1**）。山梨県は平均寿命のランキングは中位、喫煙率や塩分摂取量などの生活習慣がよいわけではない。

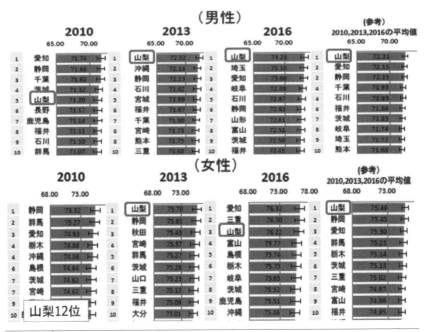

図1 ┃ 健康寿命ランキング

　世界でトップの健康寿命を誇るわが国で山梨県が健康寿命日本一なのはなぜか。この疑問を明らかにするために、2003 年に山梨県福祉保健部長寿社会課は県内外の医学、公衆衛生学、社会学、経済学などの専門家による健康寿命実態調査分析研究会（座長　山縣然太朗）を設置し、健康寿命実態調査を実施した。この時に実施された調査はその成果が国際誌に掲載されるなど、学術的に評価される医学研究である。また、その時にご協力いただいた約 600 人の山梨県在住高齢者を追跡調査である Y-HALE 研究は 20 年間継続している。

　本章では、研究成果を基に、健康寿命日本一の要因について私見を交えて概説する。学術的知見は参考文献をご参照いただきたい【1,2,3,4,5,6,7】。

1 ｜ 健康寿命とはなにか

　そもそも、健康寿命とはなにか。平均寿命はしばしば取り上げられる健康の総合指標で何となくわかる気がする人が多いと思う。わが国の平均寿命は第 2 次世界大戦後の 1947 年に男性 50.06 歳、女性 53.96 歳であったが、1977 年には平均寿命は男性 72.69 歳、女性 77.95 歳と世界一の長寿国となった。一方で、他の国でも平均寿命の延伸がめざましい中、単に生きているだけでなく、元気に長生きすることが注目されるようになった。そこで、提案された健康に生きている指標が、健康寿命である。

　健康寿命を測定する際の課題は健康の定義である。健康な人の定義により、健康寿命の値は異なる。わが国では、国民生活基礎調査で実施されている質問票が用いられている。質問は「あなたの現在の健康状態はいかがですか。あてはまる番号 1 つに○をつけてください。」と問い、「よい」「まあよい」「ふつう」「あまりよくない」「よくない」から選択してもらって、「よい」「まあよい」「ふつう」の回答を健康な状態として算定している。すなわち、本人が認識する主観的健康度であって、医学検査や診断による客観的指標ではない。

　それで科学的と言えるのかと思う人も多いだろう。しかし、主観的健康度は生命予後に影響を与えていることは多くの医学論文で明らかになっている。むしろ、高齢者の健康を考慮した健康指標として、死亡や疾患罹患といった客観的指標ではとらえら

れない健康の質的な側面に関する情報を簡便に把握できる指標として評価されている。

　自立の有無をより客観的に反映する指標として、介護保険制度における要介護認定を受けていない人や、要介護度が2以下の人を健康な人と定義して健康寿命を算定することも提案されている。

2 健康寿命実態調査の実施

2.1 調査の概要

　健康寿命研究会では、健康寿命に関連する要因として、疾病構造、保健・医療システム、社会的ネットワーク（人と人とのつながりなど）、経済的側面、その他伝統的な生活習慣や自然環境の5つの視点に注目して検討を行った。

　検討に資する科学的根拠を得るために、健康寿命実態調査を行った。医学研究手法の中でも、人を対象とした疾病の要因解明に有効な研究手法である疫学研究の手法を用いた。すなわち、生態学的研究、症例対照研究、コホート研究（追跡調査）である。

　生態学的研究は、47都道府県における健康寿命と要因について集団特性の相関解析を行う方法である。症例対照研究は、1年間に生活機能が低下した群と維持できている群でどのような要因に違いがあるのかを個別のデータを用いて解析する方法である。コホート研究（追跡調査）は山梨健康長寿研究、通称　Y-HALE（the Yamanashi Healthy Active Life Expectancy）と命名して20年間継続しているが、これは、健康な高齢者を追跡して、最初に観測したどの項目が後に要介護認定を受ける等の自立機能の低下状態が起きることの要因になっているのかを解析する方法である。

　コホート研究（健康寿命実態調査：Y-HALE研究）は2002年に山梨県が実施した「介護予防に関する高齢者実態調査」に参加した山梨県在中の65歳以上の要介護認定のない高齢者1680人から無作為抽出した600人である。

　調査は訪問して調査票を渡して、その場で記入してもらい、質問を調査員が受け

る方法をとった。一部の調査票はプライバシーの配慮から自記式後に厳封して調査員に渡してもらった。

587 人の回答があり、回収率は 97.8％ で、解析はデータ欠損のない 581 人を用いた。男性 201 人、女性 180 人、平均年齢は 76.4 ± 6.9 歳であった。

約 1 時間の訪問調査であったが、様々なお話を聞かせてもらい 2 時間以上に及んだ場合もあった。雑談の中で、無尽の実態や地域との関りなど調査票では収集できない貴重な話を聞かせてもらった。

2.2 ｜ 調査の結果

1 年後に日常生活能が維持できる要因、すなわち、健康寿命を延伸する要因はつぎのようであった。

①ボランティア活動や仕事、無尽等のような社会との関わりがあること、②規則正しい食生活とほうとうを食べること、③生きがいをもつこと、④喫煙をしないことや運動習慣をもつなど健康的な生活習慣があること、⑤心の健康状態がよいことであった。

また、生態学的研究（47 都道府県の集団としての相関）により、仕事をしている高齢者が多いほど健康寿命が長いこと、人口当たりの保健師が多いほど健康寿命が長いいことも明らかになった。

3 ｜ 結果の解釈

3.1 ｜ ボランティア活動や仕事、無尽等のような社会との関わりがあること

信頼や規範、人と人とのつながりという社会組織の特徴であるソーシャル・キャピタルが醸成していることが健康によい影響を与えるとの研究成果が注目されているが、健康寿命についても同様だということである。ソーシャル・キャピタルは社会的資本と訳されることもあるが、多くの場合、ソーシャル・キャピタルとそのまま表現される。

ボランティア活動や仕事、無尽によって人と人のつながり（ネットワーク）ができ、共同で何かを成し遂げる（団結力）時に、そこには規範や信頼関係が生まれる。社会

との関りはソーシャル・キャピタルの醸成を促すのである。

　さて、無尽は無尽講、頼母子講（たのもしこう）、頼母子と同義語で「会員の融通を目的とし、一定の期間ごとに講の構成員があらかじめ定めた額の掛け金を出し、所定の金銭の取得者を抽選や入れ札などで決め全員が取得し終わるまで続けること」と広辞苑などの辞書には記載されている。13世紀鎌倉時代に生まれたとされる。明治15年に銀行制度が始まった後も、庶民は無尽によってお金を融通していた。無尽を生業とした無尽業者の規制がない中での無尽業には問題が多く、大正になって無尽業法による規制の強化がなされた。昭和26年の相互銀行法の制定により、ほとんどの無尽業が相互銀行、普通銀行へと転換した。

　一方で、庶民の無尽は商売としての無尽業とは無関係に仲間内での互助会や親睦、情報交換の場として受け継がれてきた。それが、今日の無尽である。甲府は今治、会津若松と並んで、「無尽三都」といわれるほど、無尽が盛んな地である。平均年齢が76歳である今回の調査の対象者は約6割が無尽の経験があり、現在も無尽に参加している人が33%であった。

　多くの無尽は数名で構成され、月に1回集まり、会費として飲食代と旅行の積み立てなどを行うことが多いようである。会費は会合に参加しなくても支払うため、参加率が高い。仲間意識が強く「無尽仲間」と称して、互助の意識が強い。脳卒中で倒れた人が、退院して自宅療養する時には無尽仲間が家族よりも親身に動いてくれるという話を聞く。

　一方で、無尽の形成理由はさまざまで、趣味や同窓などの気心の知れた人の集まりだけでなく、地域や選挙無尽など立場上入らなければならないものもある。それが理由なのか、調査結果では参加の有無では健康寿命との関連はなかった。健康寿命に寄与するのは無尽を楽しめている人である（**図2**）。さらに、会話の内容は、政治や健康、趣味の話を主にする無尽に参加していることは健康寿命延伸に関連しているが、選挙の話は健康寿命には負の要素になっていた。

　同じ無尽でも気心の知れた仲間が集まって、趣味の話を楽しんだり、月に1回定期的に会うことは、毎日一緒にいる家族よりも健康状態の変化に気づきやすいこともあり、忠告できたり、健康情報もいち早く入手できる。また、世の中のことも大所高所から議論するのはよいが、選挙となると気が滅入るのだろう（**図3**）。

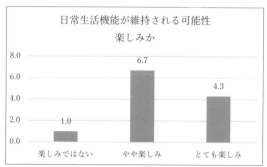

無尽を楽しみでないと回答した人と比較して、やや楽しみと回答した人は翌年に6.7倍ほど元気でいる可能性がある。

図2　｜　無尽と健康寿命

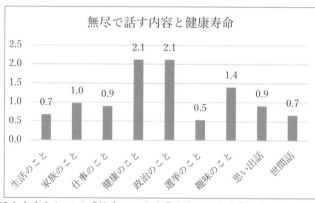

無尽で話す内容としては「健康のこと」「政治のこと」「趣味のこと」についてはその話をしない人に比べて、それぞれ、翌年に元気でいる可能性が、2.1倍、2.1倍、1.4倍と高く、一方で、「選挙のこと」「世間話」は翌年に元気でいる可能性が0.5倍、0.7倍と低くなる。

図3　｜　無尽で話す内容と健康寿命

　無尽には名前が付けられていることが多い。ある高齢女性が入っている無尽の名前は「若妻会」。50年続いているという。同じ地域に嫁に来た女性たちが、月に1回、集まって、夫や舅、姑の愚痴をこぼしながら、お互いを慰めあったり、相談したり、ストレスを発散させたりしていたのだろう。昭和の時代は嫁が家を空けることは難しかったはずである。しかし、「無尽に行ってくる」というと、「だれと?」「どこに?」などと家人からしつこく聞かれることはない。「無尽」は「買い物」と同様の正統な外出理

由なのだ。女性にとっても「無尽」はソーシャル・キャピタル醸成の場となっている。

3.2 ｜ 規則正しい食生活とほうとうを食べること

　健康にとって、食、運動、睡眠は重要な要素である。食は栄養素だけでなく、規則正しく3食とることや孤食をしないことが健康に寄与することもわかっており、それを裏付けた結果である。

　ほうとうは健康寿命にどのように関連するのか。当初、ほうとうは野菜が豊富でプラスの面もあるが、塩分が多いこともあり、必ずしも健康寿命には寄与していると思わなかった。推測の域を出ないが、その理由は「スローフード」に関連しているのかもしれない。伝統的な食として、地域の食材を使って、大きな鍋で作って、みんなで食べる。お腹を満たすだけでなく、食を楽しむことで、健康寿命を伸ばしている可能性がある。まさに、単に食欲を満たすだけの「ファストフード」に対する地産地消で食を楽しむ「スローフード」の概念にマッチしている。

3.3 ｜ 生きがいをもつこと

　「生きがい」があることが健康によい影響を与えていることが、日本の学術論文でしばしば報告されている。国際的にはなじみのない言葉で、英語で直接的な適当な訳語はない「IKIGAI」を奇異にとらえている海外の学者は多い。しかし、今回の調査でも、生きがいが健康寿命延伸要因であることが認められた。

　「生きがい」は「役割」と置き換えられるのではないかと私は考えている。生きがいが、仕事やボランティアに孫の世話であるという人は、能動的に役割を担っているという責任感と達成感をもつことができ、それが、自立という健康寿命の源になっているのだと考えている。趣味も能動的な楽しみであり、積極的に取り組むことが自立を促している。一方で、生きがいが孫の成長というのは、あまり健康寿命の延伸に寄与していない。これは、受け身のことが多く、積極的に関わりづらいからかもしれない。

　仕事やボランティアなど役割としての「生きがい」は前述した社会との関りとも関連が強く、ソーシャル・キャピタルの醸成にもつながっている。

3.4 | 喫煙をしないことや運動習慣をもつなど健康的な生活習慣が あること

健康寿命の基本は生活習慣病予防であることは言うまでもない。健康的な生活習慣として、「一無、二少、三多」というのがある。「一無」は「無煙」で喫煙をしないこと、「二少」は「少食」で食べ過ぎないこと、しかし、日々更新される体の細胞のために、その材料となる魚や肉などのたんぱく質はしっかり摂ることが大切である。二つ目は「少酒」、酒は百薬の長と言われることもあるが、血行を良くし、利尿作用があるなど良い面もあるがくれぐれも飲みすぎは注意すべし。「三多」は「多動」、「多休」、「多接」である。運動習慣をつけること、しっかり休養をとること、そして、人や事、物に接して社会参加や人と人とのネットワークを大切にすることである。

3.5 | 心の健康状態がよいこと

心身は表裏一体であり、心の健康状態がわるいと体の状態も悪くなる。今回の調査での心の健康の重要さが確認された。心の健康の予防法はストレスマネージメントを身につけることと、周囲の早期の気づきである。そのために、心の健康についての知識と技術を習得すること、孤立しない、孤立させない環境づくりが必要である。

3.6 | 人口当たりの保健師の数が多いこと

生態学的研究（47 都道府県の集団としての相関）により、仕事をしている高齢者が多いほど健康寿命が長いこと、人口当たりの保健師が多いほど健康寿命が長いことも明らかになったが、高齢者の仕事については今回の調査対象者でも確認できた。

保健師が多いことが健康寿命の延伸につながることは、ソーシャル・キャピタルの醸成が健康寿命延伸の要因である点から解釈できる。すなわち、保健師は地域で住民の生活を健康面から支援するために、コーディネータの役割を果たしている。健康に問題がある人を医療につなげたり、健康増進のための住民活動を支えたりしている。それを住民と顔の見える関係で行っている。これにより、ソーシャル・ネットワークが構築され、住民自身が取り組み健康増進事業により団結力が生まれて、ソーシャル・キャピタルの醸成につながっているのである。

保健師の市町村への配属の法的根拠は 1994 年の地域保健法の改正からである

が、山梨県は全国のなかでの早期から 1980 年前後から保健師が市町村に配属され、県の保健師と連携して、活発な地域活動を行ってきた。山梨県の誇ることができる保健サービスシステムである。

4 ソーシャル・キャピタルと健康【8】

これまでしばしば使ってきた「ソーシャル・キャピタル」という言葉を詳しく説明し、健康との関係を見ていくことにする。

4.1　ソーシャル・キャピタルとは

ソーシャル・キャピタルを直訳すると「社会資本」であるが、社会資本という言葉は、一般的には、道路や鉄道のようなハードな資本（インフラ・ストラクチャー）を意味する語として使われている。しかし、ここでいう「ソーシャル・キャピタル」とは、ハードな資本ではなく、人間関係の豊かさ等を社会的な資本としてとらえるソフトな意味での資本である。

ソーシャル・キャピタルという用語は、19 世紀後半から存在しているが、その概念を学術的に有名にしたのはアメリカ合衆国の社会学者ジェームズ・コールマンである【9】【10】。コールマンは、その文献の中で、ソーシャル・キャピタルを、ヒューマン・キャピタル（人的資本）と対比する概念であると定義している。ヒューマン・キャピタルは個人が所有するものであるが、ソーシャル・キャピタルは、人と人との間に存在するものである。具体的には、「信頼関係」「つきあいなどの人間関係」「個人と社会の間にある地域コミュニティーの組織やボランティア組織など（中間集団）」である。

さらに 1993 年、アメリカ合衆国の政治学者 ロバート・パットナムは、ソーシャル・キャピタルの蓄積の違いが、イタリアの北部と南部とで、州政府の統治効果の格差に影響したと報告した【11】。パットナムは、ソーシャル・キャピタルを、「信頼」「規範」「ネットワーク」といった社会的仕組みであると定義し、人々の協調行動を活発にすることが、社会の効率性を高めると論じている。また、パットナムは、米国の地域社会が、ソーシャル・キャピタルの低下によって、衰退してきていると指摘している【12】。

　ソーシャル・キャピタルの概念は、「社会的なつながり」や「社会における人間関係の豊かさ」に繋がる考え方である。住民同士のコミュニケーションが密になればなるほど、また、住民と行政との関係が活発であればあるほど、そこに住む人々の心が豊かになり、豊かな社会が形成されるという考え方であるといえよう。

4.2 │ ソーシャル・キャピタルが地域社会に与える影響

　ソーシャル・キャピタルが豊かになるということは、住民同士や地域全体のつながりが強くなることを意味している。よって、ソーシャル・キャピタルが豊かになると、地域社会にいくつかの好ましい効果が期待できる。

　先ず、近隣の治安の向上である。人ができるだけ社会から孤立しないようにすることが、犯罪の防止につながり、そのためには、社会的なネットワークの強化が必要不可欠である。社会的なネットワークが強化されるということは、ソーシャル・キャピタルが豊かになることであり、結果的に治安の向上につながってくる。

　第二に、地域経済の発達が挙げられる。ソーシャル・キャピタルの経済的な影響においては、ソーシャル・キャピタルの外部経済性が報告されている。本来の市場のメカニズムを介さずに、ソーシャル・キャピタルが外的要因として、地域の経済にプラスに影響していることはいくつか実証されている【13】。

　第三に、経済格差の是正である。パットナムは、『Bowling Alone』の中で、ソーシャル・キャピタルの高い州は、経済・市民活動の平等性が高いと報告している。この因果関係において、パットナムは3つの仮説を示しているが、ソーシャル・キャピタルが、経済的な不平等を是正していることは、いくつか検証されている【12】。

　最後に、教育成果の向上が挙げられる。信頼されるネットワークが、教育のパフォーマンスを上げることや【14】、地域のコミュニティーにおける周囲の参加が、そこに住む子供の教育に良い影響を与える事例が報告されている【15】。

　以上のように、ソーシャル・キャピタルは、地域社会に好ましい影響を与えることが確認されており、日本においても、地方分権型社会の形成を推進している多くの都道府県や市町村にとって、地域社会に活性化の原動力となる概念として注目されている。

4.3 | ソーシャル・キャピタルが人々の健康に与える影響

ソーシャル・キャピタルは、地域社会にとって非常に重要であることを述べてきたが、地域住民の健康状態も向上させることが報告されている。例えば、ソーシャル・キャピタルが豊かな地域ほど、住民の主観的健康感が高く【16】、その地域における死亡率が低いことが確認されている【17】【18】。日本においても、都道府県レベルではあるが、ソーシャル・キャピタルが豊かなほど、合計特殊出生率が高く、65歳時における女性の平均余命が長いことが報告されている【19】。

ソーシャル・キャピタルがどのように健康に影響するかに関しては、いくつかの仮説が考えられている【20】。先ず、その地域住民の個々の性質に関するものがある。ソーシャル・キャピタルの豊かな地域では、ボランティア活動等の組織が多く、そのため、様々な人と出会える機会が多く、社会的なネットワークが豊かな個人が多い傾向にある。このことが、健康の増進に繋がっているという仮設である。

次に、個人レベルではなく、コミュニティー・レベルの性質に関するものである。これに関しては、いくつかの可能性が考えられる。第1に、ソーシャル・キャピタルが豊かな地域のほうが、コミュニティーのメンバーに刺激され健康行動をとりやすい環境があることが挙げられる。例えば、ソーシャル・キャピタルが豊かな地域では、健康のために運動等をしている人の話を聞く機会が多くなり、自分もやってみようと考え、行動する機会が増えるであろう。第2に、ソーシャル・キャピタルが豊かな地域では、ボランタリーな活動が活発になると考えられる。例えば、ゲートボール、各種スポーツクラブ等の存在が挙げられる。第3に、ソーシャル・キャピタルが豊かな地域ほど、精神的なストレスが低減される傾向がある。安全なコミュニティーにより、精神的ストレスが緩和されるからである。これらのように、コミュニティーの力によって、そこに住む住民の健康が増進されるというが、二つ目の仮説である。

前に述べた無尽であるが、まさしくソーシャル・キャピタルの一形態であり、無尽と健康との関係は、いくつか報告されている。

5 | 考察

5.1 | 健康寿命十か条

　これらの成果を基に、山梨県独自の「健康寿命十か条」を作成した。県の担当者の、調査の結果を県民に分かりやすく伝えて、科学的根拠に基づく健康寿命の延伸対策を行いたいとの思いから依頼されたものである。

　「元気山梨健康長寿：げんきやまなしけんこうちょうじゅ」にちなんで、覚えやすいように10か条を列挙した（表）。重要度も順番になっている。研修会や高齢者のイベン

	げ ん	元気に長生きするには （げんきやまなしけんこうちょうじゅ）
第一条	き	気心の知れた人との交流で （社会的ネットワークは健康寿命の大切な条件です。）
第二条	や	役割や趣味をもって生き生きと （家庭や地域での役割や趣味を持つことで生きがいを持ちましょう。）
第三条	ま	学んで脳に刺激を与え （知的刺激で痴呆の防止をしましょう。）
第四条	な	何でもいつでも、相談し （かかりつけ医や保健師などの専門家の支援で心と体の健康を保ちましょう。）
第五条	し	食生活、ゆっくりしっかり食べること （伝統的な食文化を大切にして、食生活を楽しみましょう。）
第六条	け（ん）	煙はごめんと縁を切り （禁煙や受動喫煙の防止は生活習慣病予防に効果的です。）
第七条	こ	転ばぬ先のリハビリテーション （転倒予防や安全対策で骨折などの事故を防ぎましょう。）
第八条	う	運動を続けて貯筋を増やし （体力をつけて外に出ることで閉じこもりを防止しましょう。）
第九条	ち（ょう）	地域のつながり大切に （みんなで支え合う、活気ある街づくりは健康長寿の基本です。）
第十条	じ（ゅ）	自分の体をチェックして健康長寿をめざしましょう （健診を受けて自分の健康状態を知り、適切な対応をとりましょう。）

表 | 元気山梨健康長寿10か条

トなどの機会に健康寿命延伸の啓発ツールとして活用されている。

5.2 ｜ 20年間追跡して新たにわかったこと

　健康寿命実態調査にご参加いただいた皆様にはその後も毎年、暑中見舞いを出し、年末に介護認定の状態等簡単な調査を継続させていただいた。その結果、次のようなことが新たに分かった。

　無尽については、その後の8年後の追跡調査でも、「仲間と楽しい」無尽は健康寿命を伸ばし、「渋々の付き合い」は介護認定を受けやすいことが明らかになった。無尽が健康寿命延伸に寄与していることは本当のようだ。

　健康寿命の延伸に寄与している高齢者の仕事について、山梨県の主要な産業である農業従事者はどうなのかについて検討した。13年間追跡した結果、農業従事者は寿命では非農業従事者と比べて差がないが、介護認定を受けずに自立している期間が長いことが明らかになった。すなわち、農業は健康寿命延伸にプラスに働いているということである。

5.3 ｜ 健康の社会的決定要因

　世界保健機関（WHO）は2008年に「一世代のうちに格差をなくそう～健康の社会的決定要因に対する取り組みを通じた健康の公平性：健康の社会的決定要因に関する委員会最終報告書」を発出し、その中で健康の社会的決定要因（Social Determinants of Health：SDH）の概念を紹介した。これは、健康は個人の遺伝要因や生活習慣だけで決まるのではなく、社会経済的要因、社会環境、健康政策や健康サービスのあり方、文化的背景などによって決まるという概念である。この概念はソーシャルディスタンスという文化の違いが感染拡大に関連していた新型コロナウイルス感染所のパンデミックでも確認された。

　健康寿命の延伸は生活習慣病予防が最も重要である。しかし、それだけでなく、人と人とのつながりや信頼、規範といったソーシャル・キャピタルという社会組織・コミュニティーの要因が関連していることが今回の調査でも明らかになった。すなわち、健康寿命の延伸には、WHOのいうSDHを十分に理解した健康施策が必要となるということを示唆している。それをビッグデータや実データで明らかする社会疫学研究は最

先端の研究である。

5.4 | よそ者にしか見えない地域のよいところ

　2003 年 1 月 4 日の朝日新聞山梨地方版の「裏富士のチカラ　甲斐きらめき」という、山梨県で職に就いた県外出身者を紹介する連載で私が紹介された。記事は「「無尽のような定期的な人付き合いが、健康を維持する力になっているのではないか。」とっぴな発想かもしれない。でも「健康寿命を長くする秘訣がわかれば、世界中が山梨を目標にするだろう。濃い人間関係が残る山梨大からこその最先端研究だ。」そのためになら骨をうずめる覚悟でいる。」と記している。同じ年に、今回紹介した調査に関わる機会を得たことは、私の研究生活における最大の幸運である。それを共同してくれた県の担当者や山梨総合研究所の研究者、健康寿命研究会の委員の先生、講座の皆に感謝したい。

5.5 | 県民自身が明らかにした健康長寿の秘訣

　人を対象とする疫学研究は医学研究の中でも動物実験や細胞の実験と異なり、人を対象とするために、研究参加者に研究のための負担をお願いし、研究参加のインフォームド・コンセントや個人情報保護などの倫理的な課題に対応する必要がある。加えて、コホート研究のような追跡調査では、研究の妥当性を上げるために、適切な参加者の選定と参加継続のための工夫を凝らす。しかし、研究実施者の努力だけではこれを遂行することはできず、参加者の理解と協力が不可欠である。

　今回紹介した成果は調査に参加いただいた県民の皆様の理解と協力なくしては生まれなかった。まさに、県民自らが、山梨県健康長寿の要因を明らかにしたのである。心から感謝申しあげる。

むすびにかえて

　本章では、山梨県の健康寿命が日本一である要因を探ってきた。まず、無尽に代表されるソーシャル・キャピタルが醸成されていることが要因の一つである。山梨県は、

豊かな人間関係によって健康が、特に高齢者の健康が保たれているのではないだろうか。

　また、スローフードの食生活が健康に影響を及ぼしている可能性も示唆された。山梨県は、2001年以降、食事の時間が日本一長いことが報告されている。例えばほうとうのような郷土料理を、家族団らんでゆっくり食する文化が根付いていると考えられる。ゆっくり食事をすることは健康にいいことが検証されている。具体的には、肥満になりにくかったり、糖尿病になりにくかったり、更にはダイエット効果も期待できる。かむ回数が多いことは脳の活性化にもつながり、認知症になりにくいことも報告されている。そして、食事の時間が長いということは、コミュニケーションの時間の長さにもつながり、豊かな人間関係が構築されやすい。このような食文化によって健康が、特に高齢者の健康が保たれていると言っても過言ではない。

　山梨に残っている慣習である無尽は、ソーシャル・キャピタルの一形態であり、そのメンバーの健康、更には、心の豊かさに影響している。人との関わりなくして生活できない現在において、価値観や規範を分かち合うことができる人との関係を持って生活できることは、とても重要である。これこそ、ソーシャル・キャピタルの考え方であり、地域におけるソーシャル・キャピタルは、住民の健康感を増進させ、更には、住民の幸せにも大きく影響してくると言えよう。地域社会において、その住民が健康であり、なおかつ幸せな暮らしをすることが、これからの日本の活力になり、その役割を担うのが、まさにソーシャル・キャピタルであろう。それが山梨には醸成されているのではないだろうか。

参考文献

【1】 Kondo N, Mizutani T, Minai J, Kazama M, Imai H, Takeda Y, Yamagata Z. Factors explaining disability-free life expectancy in Japan: the proportion of older workers, self-reported health status, and the number of public health nurses. J Epidemiol. 2005 Nov;15(6):219-27. doi: 10.2188/jea.15.219.

【2】 Kondo N, Minai J, Imai H, Yamagata Z. Engagement in a cohesive group and higher-level functional capacity in older adults in Japan: a case of the Mujin. Soc Sci Med. 2007 Jun;64(11):2311-23. doi: 10.1016/j.socscimed.2007.

【3】 Kondo N, Kazama M, Suzuki K, Yamagata Z. Impact of mental health on daily living activities of Japanese elderly. Prev Med. 2008 May;46(5):457-62. doi: 10.1016/j.ypmed.2007.12.007.

【4】 Kondo N, Kawachi I, Subramanian SV, Takeda Y, Yamagata Z. Do social comparisons explain the association between income inequality and health?: Relative deprivation and perceived health among male and female Japanese individuals. Soc Sci Med. 2008 Sep;67(6):982-7. doi: 10.1016/j.socscimed.2008.

【5】 Kazama M, Kondo N, Suzuki K, Minai J, Imai H, Yamagata Z. Early impact of depression symptoms on the decline in activities of daily living among older Japanese: Y-HALE cohort study. Environ Health Prev Med. 2011 May;16(3):196-201. doi: 10.1007/s12199-010-0186-6.

【6】 Kondo N, Suzuki K, Minai J, Yamagata Z. Positive and negative effects of finance-based social capital on incident functional disability and mortality: an 8-year prospective study of elderly Japanese. J Epidemiol. 2012;22(6):543-50. doi: 10.2188/jea.JE20120025.

【7】 Haruyama K, Yokomichi H, Yamagata Z. Farm working experience could reduce late-life dependency duration among Japanese older adults: The Yamanashi Healthy-Active Life Expectancy cohort study based on the STROBE guidelines. Medicine(Baltimore). 2020 Sep 18;99(38):e22248. doi: 10.1097/MD.0000000000022248.

【8】 今井久(2008)『これからの日本における「ソーシャル・キャピタル」の重要性』,山梨学院大学『現代ビジネス研究』1:39-43

【9】 Coleman, James S.(1988)Social Capital in the Creation of Human Capital, American Journal of Sociology, 94 Supplement, S95-S-120

【10】 Coleman, James S.(1990)Foundations of social theory, Harvard University Press

【11】 Putnam, Robert D, Robert Leonardi, Raffaella Nanetti(1992)Making Democracy Work － Civic Traditions in Modern Italy, Princeton University Press(河田潤一訳『哲学する民主主義 － 伝統と改革の市民的構造』NTT 出版, 2001 年)

【12】 Putnam, Robert D.(2000)Bowling Alone: The Collapse and Revival of American Community, Simon & Schuster

【13】 稲葉陽二(2007)『ソーシャル・キャピタル －「信頼の絆」で解く現代経済・社会の諸課題』生産性出版

【14】 Halpern, David(2005)Social Capital, Policy Press

【15】 結城貴子(2002)『教育とソーシャル・キャピタル：ソーシャル・キャピタルと
国際協力 ─ 持続する成果を目指して【事例分析編】』国際協力総合研究所国際協
力事業団

【16】 Kawachi I., Kennedy B.P., et al(1999)Social capital and self-rated health; A
contextual analysis, American Journal of Public Health, 89, 1187-1498

【17】 Kawachi I., Kennedy B.P., et al(1997)Social capital, income inequality, and
mortality, American Journal of Public Health, 87, 1491-1498

【18】 Veenstra G.(2002)Social capital and health(plus wealth, income inequality
and regional health governance), Social Science & Medicine, 54, 849-868

【19】 内閣府国民生活局(2003)『ソーシャル・キャピタル；豊かな人間関係と市民活
動の好循環を求めて』内閣府

【20】 Kawachi I.(2000)Social Cohesion, Social Capital, and Health, Oxford
University Press

第 **3** 章

製造業の特化係数トップクラスの山梨

〜その変遷から見えてくるもの〜

はじめに　山梨県の産業構造を全国と比較すると製造業の割合が高く、その特化係数は日本でトップクラスにある。主な製造品目は、産業用ロボットや半導体・フラットパネルディスプレイ製造装置、電子部品・電子デバイスなどで、これら機械工業関連は現在の日本における主力輸出品となっている。歴史をさかのぼると、かつて山梨県においては養蚕・製糸業が主力であったが、それは当時の日本における主力輸出品でもあった。このように、山梨県の主力生産品目は日本全体にとっても重要な品目と一致する傾向がみられる。それは偶然ではなく意図されたものであり、そこには山梨県人の高い先見性が見いだされる。その点について、「甲州財閥」と呼ばれる山梨の先人たちを紹介しながら考える。また、山梨、日本あるいは世界に大きな影響を与える可能性のある水素・燃料電池の取り組みについても紹介する。山梨県の産業面を中心に、一般的にあまり知られていない部分に光を当てつつ、山梨の可能性や地域の豊かさについて考えたい。

1 ｜ 山梨県は製造業の特化係数トップクラスの「ものづくりの県」

　山梨県は、日照時間が長く降水量が少ない、また昼夜の気温差が大きいなどの地理的な条件を生かし、ぶどうや桃、すももの生産量では日本一を誇っている。また、さくらんぼや柿、梅など、多種多様な果実が生産されていることから「果樹王国やま

なし」として全国的にも有名である。そのため、山梨県の産業としては「農業」が
強いイメージがある。

　しかし、農業が稼ぐ付加価値額をみると、他の産業と比べてそこまで高くない。県
内総生産に占める農林水産業の割合は1.4%（うち農業は1.3%）にとどまっている。

　では、その他の業種はどうだろうか。**図1**により国内総生産、県内総生産をみると、
ともに製造業の割合が最も高くなっている。しかし、国内が20.6%であるのに対し、
山梨県は31.0%となっており、このことから、山梨県は製造業が生み出す付加価値
の割合が全国と比較すると1.5倍大きい、すなわち「ものづくりの県」ということがで
きる。

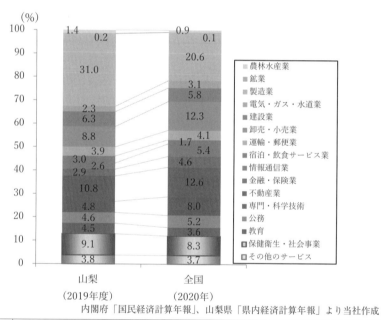

内閣府「国民経済計算年報」、山梨県「県内経済計算年報」より当社作成

図1　全国の経済活動別国内総生産と山梨県の経済活動別県内総生産

　「地域経済分析システム（RESAS）」の「稼ぐ力分析」により、産業別の特化係
数について、みてみたい。

　「稼ぐ力分析」では、地域の産業がどれだけ稼いでいるか（付加価値額）、どれ
だけ効率的な生産を行っているか（労働生産性）、どれだけ多くの労働力を確保して

いるか（従業者数）といった各項目について、全国との比較をみることができる。なお、特化係数とは、付加価値額、労働生産性、従業者数について、ある地域内の産業の比率を全国の比率と比較することで、どれだけ特化しているかを示している。例えば、特化係数（付加価値額）は、ある産業の付加価値額が全体に占める割合について、全国の同産業の割合と比較して算出するが、特化係数が1を超えていれば、全国と比べてその産業の稼ぐ力が相対的に高い（＝その産業に特化している）ということになる（地域経済分析システム基本操作マニュアルより）。

（参考）「特化係数（付加価値額）」＝（域内における当該産業の付加価値額÷域内における全産業の付加価値額）÷（全国の当該産業の付加価値額÷全国の全産業の付加価値額）

　図2により横軸を特化係数（付加価値額）、縦軸を特化係数（労働生産性）として、産業別に山梨県の特化係数をみると、製造業の特化係数（付加価値額）は1.65、特化係数（労働生産性）は1.29で、いずれも全産業の中で最も高くなっている。つまり、製造業は全国と比べて相対的に稼ぐ力が高く、また生産性も高いということがわかる。なお、特化係数（従業者数）も1.14となっており、全国と比較して雇用力も高いことがわかる。

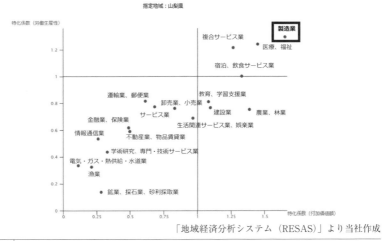

特化係数（付加価値額）　x　特化係数（労働生産性）
2016年

「地域経済分析システム（RESAS）」より当社作成

図2　山梨県の特化係数（産業別）

　同様に、**図3**により製造業の特化係数（付加価値額・労働生産性）を都道府県別にみると、山梨県の特化係数（付加価値額）は愛知の1.69に次いで2位となっている。3位の福井県は1.40と、やや差があることから、山梨県は愛知県と並び、日本を代表する「ものづくりの県」と言えよう。愛知県はトヨタ自動車のお膝元であり、自動車部品関連の事業者が集積している。トヨタ自動車の売上げをみると、海外向けが大半を占めており、外貨を稼いでいる産業といえる。では、山梨県は、製造業のどのような品目が強い（＝外貨を稼いでいる）のであろうか。

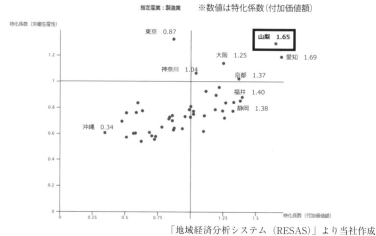

「地域経済分析システム（RESAS）」より当社作成

図3 ｜ 製造業の特化係数（都道府県別）

　山梨県の製造業といえば、ワインや宝飾品（ジュエリー）、織物など、地場産業（特定の地域にその立地条件を生かして定着し、特産品を製造している産業）が浮かぶ。ワイナリーや宝飾メーカーの事業所数は全国1位であり、ワインや宝飾品の製造品出荷額も上位に位置していることから、これらの産業が集積しているといえる。また、ミネラルウォーターにおいては、生産数量が全国1位である。

　このように、山梨ならではの地場産業が強い、というイメージがあるが、製造品出荷額でみた場合は、それほど大きくない。**図4**により製造品出荷額等の上位品目をみると、ミネラルウォーターが含まれる「清涼飲料」は1,408億円で3位であるが、ワイ

ンが含まれる「酒類」は368億円で17位、宝飾品（「貴金属・宝石製品」）は335億円で19位となっている。

　一方、上位項目をみると、1位が「その他の生産用機械・同部分品」で製造品出荷額は4,614億円となっており、2位の「半導体・フラットパネルディスプレイ製造装置」の2,171億円を大きく引き離している。なお、「その他の生産用機械・同部分品」の内訳をみると、「ロボット製造業」が大半を占めている（生産用機械とは「機械・装置や部品を製造するための機械」の総称である）。そのほか、「電子デバイス」が4位、「自動車・同附属品」が5位、「電子計算機・同附属装置」が6位、「金属加工機械」が9位、「その他の電子部品・デバイス・電子回路」が11位となっており、これら機械関連のウェイトが大きいことがわかる。製造業においては、消費地に近いところで生産するほうが効率が良いため、人件費の安い海外へ生産拠点の移転が進んでおり、「産業の空洞化」という状況が生まれていた。しかし、山梨県の機械工業は、産業用ロボットや半導体・フラットパネルディスプレイ製造装置、電子部品・電子デバイスなど、海外での生産が難しい高付加価値の品目が多く、外貨を稼ぐ重要な産業となっている。

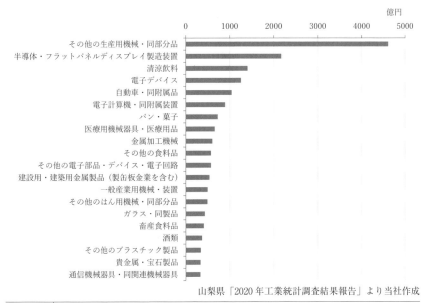

山梨県「2020年工業統計調査結果報告」より当社作成

図4　製造品出荷額等（産業分類別）

2 | 昭和57年を境にダイナミックな変化を遂げた山梨県の産業構造

　山梨県の製造品出荷額等の推移をみると、昭和56年（1981年）に初めて1兆円を超えて以降も増加傾向にあり、バブル崩壊でやや増勢が鈍化したが、その後はおおむね2兆円～2兆5千億円で推移している。

　製造品出荷額等に占める機械工業の割合も、昭和40年頃の15%から上昇傾向をたどり、昭和50年代に40%、昭和60年代には60%を超え、その後はおおむね65%前後で推移している（**図5**）。

　もともと山梨県は養蚕や果樹栽培など農業が盛んな地域であり、山々に囲まれ、交通の便が悪いため、工業面での発展は遅れていた。また、昭和40年代後半以降、国母工業団地、甲西工業団地、身延工業団地、釜無工業団地といった基幹工業団地が整備されたものの、折しも第一次オイルショック後の経済不況により、企業の進出は進まなかった。その大きな転機となったのは、昭和57年11月の中央自動車道全線開通である。

製造品出荷額等の推移

「工業統計調査結果報告」および「経済センサス活動調査」より当社作成

図5 | 製造品出荷額等の推移

　中央自動車道については、昭和42年の調布 - 八王子インターチェンジ間の開通を

契機に、昭和 57 年 11 月の勝沼 - 甲府昭和インターチェンジ間の開通により、東京から愛知県小牧市に至る全線が供用された。本県の経済発展にとって大きな課題であった交通問題に解決がみられたことで、農業や工業、観光など各分野において多大な影響を及ぼした。

当時の我が国の産業構造をみると、高度経済成長から安定経済成長への転換とともに「重厚長大」から「軽薄短小」へ、臨海工業地帯中心の重化学工業から組み立て加工型の機械工業へと移行した。また、「資源消費型」から「省資源型」への転換も進み、高品質・高付加価値の質的側面を重視した知識集約型産業へ移行したため、エレクトロニクスの応用分野が拡大し、同関連産業の設備投資意欲が高まってきていた。一方で、地価の高騰や工場の拡張規制などから、太平洋ベルト地帯や大都市圏での工業立地は困難であったため、基盤整備がなされ、低廉な地価で土地を確保できる内陸型工業団地が脚光を浴びるなど、山梨県にとっては追い風となった。

このように中央自動車道の全線開通と日本経済の産業構造の転換が重なったことで、山梨県への県外企業の進出が勢いを増し、その結果、昭和 57 年には4つの基幹工業団地の販売が完了した。進出企業の業種をみると、電気機械、一般機械、輸送機械、精密機械といった機械工業が66%を占めていた。その大半がエレクトロニクス関連企業であり、エレクトロニクス分野の応用拡大が、新製品の生産や能力拡大投資を活発化させ、内陸型工業団地への立地を促進したといえる。

企業進出が進んだことで本県の製造業は急速に発展し、内陸型工業県としての性格を強めていった。昭和 58 年には「クリスタルバレー構想」が策定され、全県的な工業の振興・発展に努めた結果、製造品出荷額等の対前年伸び率は、昭和 58 ～ 60 年の3年連続で全国1位の高水準となった。

また、「全県テクノエリア計画」、「甲府地域テクノポリス構想」などに基づき、県や市町村が積極的に企業誘致を進めたことからハイテク産業を中心とした大手企業が立地し、それに関連する下請企業の集積も進展してきた。半導体・フラットパネルディスプレイ製造装置関連、工作機械関連等の企業が進出してきたことにより、下請企業の技術力向上とユニット発注への対応が進み、装置関連産業の集積も進んできた。その結果、電子部品や半導体デバイス、半導体製造装置、産業用ロボット等のメカ

トロニクス、エレクトロニクス産業の立地が進み、現在につながる機械電子工業の一大集積地域が形成された。

　これらは中央自動車道の開通により偶然に形成されたものではない。山梨県史（通史編6）によれば、昭和43年に決定された長期開発計画に「付加価値生産性の高い業種を中心とする工業の立地」という方向性が示されている。このことから、現在の山梨県における機械工業を中心とした産業集積は意図されたものであることが分かる。[*1]

3 ｜ 日本の主要輸出品目と一致する山梨の主力生産品目

　このように、本県には次世代を担う最先端の大手企業が進出してきたが、その大企業からの発注を受け続けることで優れた技術力を有するに至った地場の企業群の存在も重要な要素といえる。

　表により日本の主要輸出品をみると、半導体等電子部品や半導体製造装置などこ

順位	品目	金額（億円）	比率（%）
1	自動車	107,222	12.90
2	半導体等電子部品	48,995	5.90
3	鉄鋼	38,143	4.59
4	自動車の部分品	36,000	4.33
5	半導体等製造装置	33,529	4.04
6	プラスチック	29,765	3.58
7	原動機	25,055	3.02
8	科学光学機器	23,222	2.79
9	電気回路等の機器	20,940	2.52
10	非鉄金属	20,479	2.46
合計		830,914	-

財務省「貿易統計」より当社作成

表 ｜ 日本の対世界主要輸出品（2021年）

＊1　山梨県「山梨県史 通史編6」、山梨県「山梨県史 概説編」、山梨県「甲府地域テクノポリス開発計画」、山梨県「第2期 山梨県企業立地基本計画」、山梨中央銀行「調査季報No.13」を参照

れらの企業群が生産している品目が上位となっている。このことから、山梨県における主力生産品目は、日本においても重要な輸出品目であることが分かる。

4 ｜ 日本の近代化を支えた山梨県の養蚕・製糸業

　現在の山梨県における主力生産品目が日本における重要な輸出品目と重なることを述べたが、過去においても同様の傾向がみられる。

　過去の日本を支えた代表的な産業は養蚕・製糸業である。明治維新（1868年）以後、政府は欧米諸国に追いつくために殖産興業政策を進めていったが、当時の最大の輸出品は生糸であった。日本の生糸の輸出量は拡大を続け、1909年（明治42年）には世界最大の生糸輸出国となった。このように、生糸は幕末から戦前に至るまで日本における最大の輸出品目であり、その間に得た外貨は日本の近代化に大きく貢献した。

　日本における養蚕・生糸業を支えていた県の一つが山梨県であった。山梨県における養蚕・製糸業については「甲府市史研究」に以下のように記されている。[*2]

> 明治～昭和初期を通じて、山梨県は岐阜、長野、埼玉、群馬などの東山養蚕諸県と同様に養蚕・製糸業が著しく展開・発展した県であり、甲府は明治初年以来県内における製糸業の中心地の一つでもあった。

　かつての山梨県の主力産業も日本の基幹産業と一致しているが、それは偶然ではなく明確に意図されたものであった。当時、山梨県においては藤村紫朗県令（現在の県知事にあたる役職）により意欲的な殖産興業政策が行われていたが、その中で特に力を入れたのが養蚕・製糸業であった。藤村県令は後に紹介する栗原信近ら民間と連携しながら養蚕・製糸業の振興を強力に推進していった。甲府市には模範工場としての県勧業製糸場が建設され、その規模は官営富岡製糸場に次ぐ規模で

＊2　齋藤康彦「昭和戦前期の甲府製糸業の構造と特質－座談会『甲府における繭糸業の歩み』よりー」より抜粋

あったといわれる。その後も県内に次々と機械製糸工場が作られ、製糸生産量は飛躍的に増大していった。山梨県における養蚕・製糸業の発展は山梨県経済の拡大に寄与しただけでなく、日本の近代化にも大きく貢献した。

5 | 山梨の先人たちにみられる高い先見性

　これまでの話を振り返りたい。かつて山梨は養蚕王国と呼ばれ、養蚕・製糸業が盛んであったが、それは日本の基幹産業であった。現在の山梨は産業用ロボットや半導体・フラットパネルディスプレイ製造装置、電子部品・電子デバイスなどの機械工業が主力であるが、それは日本の主力輸出品でもある。このように、山梨県の主力産業は日本全体にとっても重要な産業と一致する傾向がある。これは偶然ではなく山梨県人の先見性の高さが関係していると考える。この点に関して、山梨近代人物館は以下のように説明している。[3]

> 　明治から昭和にかけて、「甲州財閥」と呼ばれる経済人たちがいた。彼らは鉄道や電力など、急速に産業革命を進めるわが国の骨格や動脈となる事業へ、積極的に参加していった。「甲州財閥」が示した高い先見性は、時代が求めるものをいち早く見抜いて実現し、現在私たちの暮らしになくてはならないものとなっている。

　山梨県人の高い先見性をみるうえで、本稿では山梨近代人物館でも取り上げられている「甲州財閥」を中心に紹介する。彼らは山梨だけでなく、日本に対しても大きな影響を与えた。

若尾逸平（1821 – 1913）

　「甲州財閥」と呼ばれる投資家・実業家の一人で、初代甲府市長や貴族院多額

---

[3]　山梨近代人物館 第8回展示「甲州財閥 近代日本を駆け抜けた人々」のリーフレットより抜粋

納税者議員にも就いている。行商の生活から財を成す基礎を作り、明治初期には山梨県の製糸業の中心人物となった。また、貴族院議員・鉄道会議員として国の立場から中央線の建設実現に尽力した。若尾は次の言葉を残している。[*4]

> 若し、株を買ふなら、将来性のあるものでなければ望がない。それは「乗り物」と「あかり」だ。この先、世がドウ変化しやうとも、「乗り物」と「あかり」だけは必ず盛んにこそなれ、衰へる心配はない。

　乗り物（鉄道）とあかり（電気）は世の中がどのように変わったとしても、必要性がなくならないという見通しから、投資対象としての有望さを指摘した言葉である。

　若尾は山梨県が山に囲まれているため、鉄道を敷く効果の大きさを指摘していた。山梨には物産があるがそれを有効活用できていない。その原因は交通の便の悪さであり、その問題が解消されればこの地域はさらに発展するという考えを持っていた。若尾が尽力した中央線の開通は山梨の近代化に大きな影響を与えた。先に中央自動車道が山梨の経済発展に大きく寄与したことを述べたが、かつては中央線の開通が山梨を大きく変えたのである。

　山梨から東京・横浜までの天嶮の地を何度も往復し、その苦労を知っている若尾だからこそ、鉄道の必要性と効果を強く感じていたのかもしれない。環境的に優位でないからこそ、高い先見性や時代が求めるものを察知する力が磨かれていった、あるいは、磨かざるを得なかったともいえる。

小林一三（1873 - 1957）

　阪急電鉄、阪急百貨店、東宝、宝塚歌劇団などを作った実業家。小林は鉄道ビジネスの概念を変えた。単に人をある地点からある地点まで運ぶだけではなく、鉄道会社が不動産業や小売業などを沿線で展開することで利益を生みだすというビジネスモデルを作った。郊外への鉄道開発は「人の住んでいない郊外に鉄道を引いても利用客が確保できないのではないか」と消極的になるのが一般的である。しかし、小

*4　根津翁伝記編纂会編「根津翁伝」より抜粋

林は需要がなければ作り出せば良いと考え「郊外に住宅地を開発し、そこに住む人々を市内に電車で運ぶ」という逆転の発想を持っていた。当時、郊外に家を持つことはサラリーマンにとって非常に難しかった。そこで小林は日本で初めて住宅ローンを作った。これにより、多くの人々がマイホームを持つことができた。それ以外にも、世界初のターミナルデパートである阪急百貨店のほか、宝塚歌劇団、東宝、阪急ブレーブス（現オリックス・バファローズ）の設立など多くの事業を成功させた。

　住宅ローンを利用して郊外に家を建て、電車で都心に通う。駅ビルの百貨店で駅ナカ消費を楽しむ。現在の私たちにとっては一般的な光景であるが、当時としては極めて斬新なアイデアであった。小林は現在の日本におけるライフスタイルの基礎を作ったといえるが、ここにも高い先見性がみられる。同時に、経済的な成功だけでなく、人の喜び、楽しみ、豊かさという面を大切にする価値観も見出すことができる。

早川徳次（1881 - 1942）

　日本において最初の地下鉄を作り「地下鉄の父」と呼ばれた。海外を視察した際、英国のロンドンで見た地下鉄に衝撃を受け、日本においても東京のような大都市には地下鉄が不可欠であると考えた。そして、関東大震災をはじめとする様々な困難を乗り越え、浅草−上野間に日本初の地下鉄を開通させたのである。

　当時、専門家からは東京での地下鉄建設の困難さを指摘されていた。その際、早川は次のように述べたという。[5]

> 日本に技術者に就いて地下鉄道の事を尋ねてみると、東京は昔海であったから地下鉄道は駄目だと云ふ話である。しかし、私は是等の意見によって決して悲観しなかった。必要の事は何時か必ず実現する。必要は不可能のことすら可能に変へていく。

　必要なものであれば不可能は可能に変わり、いつか必ず実現するという早川の強い信念を示す言葉である。また、早川はしばしば「いまに東京の地下は蜘蛛の巣の

*5　東京地下鉄道株式会社編「東京地下鉄道史．乾」より抜粋

様に地下鉄が縦横に走る時代が必ず来る」と話していたという。多くの人が地下鉄など夢物語と思っていた時代、一生涯をかけたミッションとして地下鉄開通に取り組んでいた早川の目には東京の地下に張り巡らされる地下鉄網がはっきり見えていたのであろう。その先見性に驚くとともに将来ビジョンを描きつつ、信念を持って取り組むことの大切さを教えられる。

　また、早川はこの大事業を成し遂げるに当たり、多くの人脈に頼った。人々の賛同や資金面の課題を解決するために大隈重信や渋沢栄一の協力を得たほか、鉄道経営に関しては後藤新平や、同じ山梨県出身で「鉄道王」と称された根津嘉一郎からノウハウを学んだ。先見性と信念、そして人脈のネットワーク、これらが不可能と言われた東京への地下鉄建設を実現させたのである。

根津嘉一郎（1860 - 1940）

　東武鉄道に代表される全国の私鉄経営に手腕を発揮した。経営に関与した会社は鉄道だけでも 20 社以上にのぼり「鉄道王」の異名をとった。鉄道以外にも帝国石油、日清製粉、日本セメント、日本麦酒鉱泉、東京電燈、富国生命など多くの企業において経営手腕を発揮した。

　また、「国家の繁栄は、充実した教育によって成し遂げられる」、「社会から得た利益は社会に還元する義務がある」との信念のもと、日本で最初の私立七年制高等学校である旧制武蔵高等学校（現在の武蔵大学）を創立したほか、山梨県内の小学校に 200 台にものぼるピアノやミシンを寄贈するなど教育文化振興にも注力した。企業は自社の利益だけを追求するのではなく、社会全体の利益に貢献しなければならないという考え方は現在の SDGs にも通ずる。根津が多くの企業で経営を成功させることができたのは、そのような考え方が根本にあったからであろう。

雨宮敬次郎（1846 - 1911）

　「天下の雨敬」や「投機界の魔王」などの異名をとった。鉄道の発達と製鉄事業の興起を力説し、経営もそれらに重点が置かれた。甲武鉄道（現在の中央本線の前身）や川越鉄道の取締役となったほか、東京に水道が敷設されるにあたり、鉄管を外国から輸入する代わりに、国内でそれを鋳造しようという考えから日本鋳鉄会

社を設立した。なお、あまり知られていないが雨宮は自然豊かな軽井沢の基礎を作った人物の一人でもある。軽井沢は宣教師のアレキサンダー・クロフト・ショーが訪れた際、その美しい自然に驚き、避暑に訪れたのが最初だと言われている。しかし、それに先駆けて植林事業を行っていたのが雨宮敬次郎らであった。現在の軽井沢からは想像できないが、もともとは浅間山噴火の火山灰の影響で樹木の生育が悪い土地で湿地帯も多く、「何も作ることが出来ない不毛の地」、「火山灰ばかりで人が生活するところではない」と言われていた。その時、雨宮は「不毛の地だからこそ、この雨敬が力の限り開拓するに十分な場所ではないか[*6]」と考え、その地に広大な土地を購入し、カラマツを植林した。それにより、現在の原型となる姿が形成され、軽井沢は全国有数の別荘地へと発展を遂げていったのである。

内藤多仲（1886 – 1970）

　日本の耐震建築に大きな発展をもたらした建築構造学者である。多くの耐震建築を手がけており「耐震構造の父」と称された。また東京タワーをはじめとした多くの電波塔を手がけたことから、「塔博士」とも言われる。内藤は地震の多い日本において耐震構造の重要性を早くから見出しており、その業績は現代の構造設計にも多大な影響を与えている。

　東京タワーの高さは333メートルであるが、完成した1958年当時、エッフェル塔を抜き、世界一高い建造物であった。コンピューターはおろか電卓もなかった時代、内藤は計算尺（アナログ式の計算用具）を使い、地震の多い日本に世界一の塔を建てたのである。東京タワー以外にも名古屋テレビ塔、通天閣、さっぽろテレビ塔など多くの建築物を手掛けた。有名なエピソードとしては、多くの建物が倒壊した関東大震災において、内藤が設計した日本興業銀行と歌舞伎座は無事であったという話もある。

　これらの功績は耐震構造の重要性を見出した先見性とともに、地道な努力の積み重ねにより実現していった。内藤が座右の銘にしていた「積み重ね　積み重ねてもまた積み重ね」という言葉は、地元の学校にも碑として設置され「業績は一朝一

*6　江宮隆之「天下の雨敬、明治を拓く」より抜粋

夕にできるものではなく、地道な努力により結実していくものである」ことを今の私たちにも伝え続けている。

栗原信近（1844 – 1924）

　生涯を通じて山梨の殖産興業に努め、公益を追求する姿勢を貫いた。着任間もない藤村紫朗の信頼を得て、側近の一人として県政にも携わるようになっていった。藤村県令の片腕となり働く栗原は藤村から「欧米諸国の産業が旺盛を極めているのは金融機関が完備されているからであり、本県も県内資本を活用すればそれが可能となる」と聞いた。そこで栗原は、1874年に本県初となる金融機関「興益社」を設立し、社長に就任。1876年に国立銀行条例が改正されると、興益社を発展させ、翌年、第十国立銀行（現在の山梨中央銀行）を開業し、初代頭取に就任した。「金を貸す前に知恵を貸す」ことを大切にし、企業の育成や振興に努めた。

　特筆すべきことは、栗原が「興産金」と称する少額複利預金を創案し、貯金を奨励したことである。当時少額の預金は一般的ではなかった。現在のように金を預けるという習慣がなかったほか、銀行でも利息を支払う必要があるため、預金に対してあまり積極的ではなかった。しかし、栗原は産業を興し発展させていくために民間から広く小口資金を集める必要性を早くから指摘しており、銀行として最初期に預金制度を開始した。実際に「明治財政史」[*7]によれば「貯蓄預金を開始せるは同行をもって嚆矢となす」と、第十国立銀行が銀行として日本で初めて預金制度を取り扱ったことが記されている。現在であれば多数の人から少額の資金を集める手法、例えばクラウドファンディングなどが一般的となっているが、栗原の考え方は当時としては非常に斬新であり、ここにも山梨県人の先見性を見出すことができる。

　これまで紹介してきた先人たちの歩みを振り返る時、「高い先見性」のほか、「連携する力」、「難しい課題にチャレンジする力」、「あきらめずに継続する力」、などいくつかの重要なキーワードを見いだすことができる。そして、もう一つ大切なキーワードが「不利な条件をカバーする知恵」である。山梨県にはもともと存在している「恵ま

＊7　明治財政史編纂会編「明治財政史」第12巻より抜粋

れた」資源があると同時に「恵まれていない」部分もある。大切なのは「恵まれていない」部分を先見性と知恵を用いて変えていくことである。それを証明してみせたのが山梨県の先人たちであり、彼らの中に山梨の DNA ともいえる部分を見いだすことができる。

6 | 大きな可能性を持っている山梨における水素・燃料電池の取り組み

　ここまで、山梨県の産業について現在と過去について述べてきた。ところで未来についてはどうだろうか。結論からいうと、極めて大きな可能性を持っている。具体的には、山梨には水素・燃料電池という長年積み上げてきた分野があり、その技術は山梨、日本あるいは世界をも変える可能性を秘めている。

　現在、山梨県は水素・燃料電池に関して国内で最先端を走っている。県内には水素・燃料電池分野における研究施設が集積している。世界的にみても最大・最高レベルの燃料電池材料研究拠点である山梨大学のほか、山梨県産業技術センター、水素技術センターなど各種機関が集積している。また、水素の製造から利用までのサプライチェーンが実証段階から事業化段階に移行しつつあるなど、国内では例を見ない取り組みも行われている。さらに、この環境を求めて、他県から山梨に移転する企業や団体も出始めている。このような「水素・燃料電池の一大集積地」となった山梨県であるが、その重要な役割を果たしている山梨大学と山梨県の取り組みを紹介する。

6.1 | 世界最高水準の燃料電池研究が進む山梨大学

6.1.1　50 年以上も前から取り組んでいた燃料電池研究

　一般的に山梨大学が燃料電池研究を開始したのは今から 40 年以上前と言われるが、実際にはそれよりもさらに 10 年前から渡辺政廣氏（現山梨大学水素・燃料電池技術支援室シニアアドバイザー）により始められていた。渡辺氏が燃料電池の研究を始めたのは国際会議に参加した際、米国から招かれた講演者が「1980 年代に

は燃料電池自動車が町を走り回っているはず」と話しているのを聞き衝撃を受けたことがきっかけだという。その後、渡辺氏は燃料電池の研究に着手し、触媒に使用される白金と他の合金の割合を調整することによって発電効率を高める方法を見出していった。そのような研究をしていたのは 1968 年（今から 50 年以上前）であった。なお、現在のエネファームに使用されている燃料電池の触媒はその当時開発したものだという。まだ、脱炭素はもちろん、地球温暖化という言葉さえ聞かれない時代に山梨大学ではすでに燃料電池の触媒を開発しており、その先見性の高さに驚かされる。

6.1.2　山梨大学の燃料電池研究の沿革

　渡辺氏の研究成果が認められ、1978 年に文部省令により工学部付属燃料電池実験施設が設置されると、研究は本格化していった。その後、山梨大学の研究は産業界や他大学から共同研究の声が掛かるようになり、さらに進展していった。

　2001 年には文部科学省によりクリーンエネルギー研究センターが、2008 年には経済産業省予算により燃料電池ナノ材料研究センター（2022 年 6 月 1 日に「水素・燃料電池ナノ材料研究センター」に名称変更）が、それぞれ大学直属施設として設置された。燃料電池関連の各種国家プロジェクトは、今日まで切れ目無く推進されており、2017 年には文部科学省のイノベーション・エコシステム形成事業に山梨県とともに応募した「水素社会に向けた『やまなし燃料電池バレー』の創成」事業が採択された。さらに、NEDO（国立研究開発法人新エネルギー・産業技術総合開発機構）の事業に 2020 年に4事業、2021 年に2事業が採択されている。

　渡辺氏は 50 年以上にわたる燃料電池研究を振り返り「地道に研究を続けていけば、様々な方から声が掛かり、一緒に取り組みたいという仲間が集まってくる」と述べている。現在、山梨県は水素・燃料電池分野における最先端の地域となっているが、それは一朝一夕にできたものではなく、山梨大学の長年にわたる地道な努力がある。

6.1.3　産学官連携の取り組み

　山梨大学、やまなし産業支援機構、山梨県による「やまなし水素・燃料電池ネットワーク協議会」の取り組みが進められている。同協議会では、水素・燃料電池に対

するニーズや課題のある企業と県内のシーズがある企業のマッチング、県内企業に対して水素・燃料電池に関する理解促進の場の提供、そして新たなビジネスチャンスを創出する役割を担っている。さらに、県外企業の誘致や水素・燃料電池産業の集積、人材育成にも取り組んでいる。

　現在、水素・燃料電池ナノ材料研究センター長である飯山明裕氏は民間企業出身であるが、同氏が山梨大学の研究をみたときに「山梨大学は地に足のついた研究を地道に継続しており、民間企業の立場からみても非常に役に立つものである」と感じたという。山梨大学の燃料電池研究の特徴は産業やビジネスという面において極めて大きな可能性を持っている点にある。やまなし水素・燃料電池ネットワーク協議会の活動を通じて、山梨大学の研究成果が社会に還元され、山梨全体のレベルが上がり、その結果企業の側からも魅力あるアイデアが生まれるという好循環が期待される。

　また、人材育成について山梨大学は「水素・燃料電池産業技術人材養成講座」を山梨県の委託で開設している。大学の教授のほか、民間企業の技術担当者を講師に迎え、水素・燃料電池関連産業分野への参入を目指す人材の育成を推進している。さらに、山梨大学は学部に脱炭素や燃料電池などの分野を扱う「クリーンエネルギー化学」コースの設置を検討しており、より専門的な人材の育成が期待される。

- 大学シーズに基づく研究開発の実用化支援
- 大学シーズや企業ニーズと県内企業とのマッチング
- 県外企業の誘致
- 県内企業の技術力向上に向けた支援
- 燃料電池関連大学発ベンチャー創出支援
- 水素エネルギー社会に向けた実証研究及び普及啓発
- 県内企業の人材育成（技術者養成）

出典：山梨県ホームページ

図6

6.2 　山梨県企業局の取り組み

6.2.1　脱炭素に向けた世界の流れ

　地球温暖化が進み、気候変動による自然災害が世界的に頻発している。その対策として脱炭素社会の実現が急務と言われている。脱炭素とは、地球温暖化の原因となる温室効果ガスの実質的な排出量をゼロにすることである。

世界では2040年までに脱炭素化によるエネルギー社会の構造変化が急務となっている。また、日本においても2050年までに「カーボンニュートラル」実現を目指し、温室効果ガスの排出を実質ゼロにするという目標を掲げている。この切り札と考えられているのが、水素の活用である。なかでも太陽光などの再生可能エネルギーからつくられるグリーン水素（製造過程で CO_2 を発生させない水素）は二酸化炭素排出ゼロで作ることのできる燃料として期待が集まっている。

6.2.2 米倉山でのP2Gシステムの取り組み

甲府市の米倉山では企業誘致が進められていたが、バブル崩壊もありなかなか進展しなかった。そこで県は、全国有数の日照時間の長さという特性を生かし、米倉山において、2012年に東京電力との共同事業として大規模太陽光発電（メガソーラー）事業を開始した。その後、太陽光発電だけではなく、再生可能エネルギーの活用方法を模索する中、県は2016年に東レ、東京電力ホールディングス、東光高岳ととも

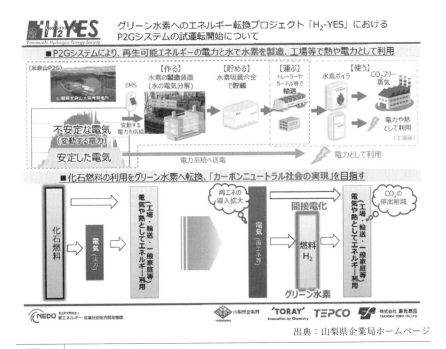

出典：山梨県企業局ホームページ

図7

にCO₂ フリーの水素エネルギー社会実現に向けた Power to Gas システム（P2G システム）技術開発及び実証研究を推進するため協定を締結した。太陽光発電や風力発電などの再生可能エネルギーは季節や天候により発電量が大きく増減するが、その変動分（不安定な電力）を使用して水素を製造し、近隣の工場や商業施設で活用するという取り組みである。

6.2.3　高い競争力を有する山梨の P2G システム

　P2G システムへの取り組みは山梨だけでなく国内外で進められている。しかし、米倉山の P2G システム（以下、他の P2G と区別するために「山梨 P2G」と呼ぶ）は他の追従を許さない高い技術力と競争力を有している。

　山梨 P2G の特徴は以下の通りである。①電解する原料が純水のため、取り扱いが容易であること、②東レが開発した世界最高効率の電解質膜が用いられていること、③太陽光発電や風力発電の変動する電力への追従性が高いこと、④小型でシステム構成がシンプルであり、工場等への導入、大量生産による価格の低下が期待されること、⑤県が中心となり、メーカーから水素を利用する事業者まで一貫した水素サプライチェーンにより社会実証が行われていること。

　以上をまとめると、山梨 P2G は、高い技術力、産学官の連携から生まれたノウハウ、そして本事業に取り組む山梨県の本気度という3つの要素があり、他の追従を許さない競争力が生まれている。

6.2.4　山梨 P2G の可能性

　では、山梨 P2G はどのような可能性を持っているのか。少なくとも以下の3点が考えられる。①周辺地域の再生可能エネルギーの電力変動を吸収するとともに、グリーン水素の有力な製造拠点となる、②製造した水素を山梨県内の企業等が使用することにより山梨における脱炭素社会の実現・エネルギーの地産地消の実現に貢献する、③山梨 P2G を他県、他国に展開することができる。それにより世界的規模な脱炭素社会の実現に貢献するとともに、新たな水素エネルギー産業の創出に繋がる。

　①について、業種を問わず脱炭素が企業経営の重要な要素となってくる中、グリーン水素への需要は今後さらに高まっていくことが見込まれる。このような状況下、山梨

P2G の取り組みは時代のニーズを先取りしており、今後一段と存在感を高めていくだろう。また、②、③については、2022 年2月に山梨県、東京電力ホールディングス、東レにより国内初の P2G 事業会社「やまなしハイドロジェンカンパニー（YHC）」が設立されており、具体的に動き始めている。このような取り組みが実証段階から事業化段階に移行しているのは極めて先進的といえる。

6.2.5　山梨 P2G が将来の山梨にもたらすもの

　現在、山梨はすでに水素・燃料電池の先進県となっているが、これが進展していくと何が起きるのか。少なくとも以下の3点が予想される。①山梨県がエネルギーの地産地消、脱炭素社会の先進地域となる、②山梨発のシステムが各地に導入され日本全体の脱炭素社会の実現に貢献する、③脱炭素社会および水素・燃料電池の先進県である山梨に国内外から研究機関や企業が集積するとともに、研究者や学生などの人材も集まってくる。この点に関して、現段階ですでに UCC 上島珈琲株式会社が笛吹市に「UCC 山梨焙煎所」の新設を決定しているほか、日本を代表する燃料電池の評価・研究機関である技術研究組合 FC-Cubic が東京都内の研究拠点を山梨県内に移すことが決定している。なお、同組合は山梨への移転について「山梨の米倉山ではクリーンな水素が十分に供給されることと、リニアが開通する発展性も考えて移転を決定した」としている。このように山梨の水素・燃料電池の取り組みは非常に大きな可能性を秘めており、それが夢物語ではなく着実に一歩一歩進展していることが分かる。

6.3　山梨大学と山梨県にみられる山梨の DNA

　山梨大学と山梨県の取り組みについて紹介してきたが、先に述べた山梨の先人たちの DNA と共通するものが見えてくる。山梨大学においては、燃料電池の可能性に 50 年以上も前に着目した類まれな「先見性」や難しい課題に対してあきらめることなく地道に研究成果を積み上げてきた「継続する力」、山梨県においては、他県が諦めるような課題に対して果敢に挑んでいく「チャレンジ精神と本気度」がある。そして、山梨大学、山梨県、産業界にみられる「連携する力」もある。かつて「甲州財閥」と呼ばれる人々が日本を変えていったように、山梨における水素・燃料電池

の取り組みが山梨、日本あるいは世界に対して大きな影響を与えていくことが期待される。

7 ｜ おわりに

　これまで、山梨県の産業とその変遷から見えてくるものについて考察してきた。共通して見いだされるキーワードは「先見性」、「継続する力」、「チャレンジする力」、「連携する力」などである。先人たちの歩みをみると、これらは不利な条件や恵まれていない部分をカバーするために発揮されてきた「知恵」であったことが分かる。

　歴史をさかのぼると、かつて武田信玄は複合扇状地であるがゆえに洪水に悩まされるという甲府盆地特有の不利な条件を「信玄堤」を築くことで乗り越えた。そして、その治水システムは500年近く経過した現在でも機能し続けている。

　困難な課題に対して、高い先見性と知恵をもって取り組むことによって、地域が豊かになり、その豊かさが他の地域にも波及していく。山梨の産業の歴史はそのような変遷をたどってきた。本稿は山梨の産業面に光を当て、様々なキーワードを見出してきたが、他の地域においても同様の事例は数多くあると思われる。地域の豊かさとは、そこに住んでいる人々が自分の地域を知り、自信と誇りを持つことで、発掘され、発信され、それを土台にしてさらに発展していくものではないだろうか。

謝辞
本稿を執筆するにあたり、資料提供やヒアリング等でご協力を賜りました皆さまに深く感謝申し上げます。
　国立大学法人山梨大学 特命教授 名誉教授 水素・燃料電池技術支援室　渡辺 政廣様
　国立大学法人山梨大学 特任教授　水素・燃料電池ナノ材料研究センター長　飯山 明裕様
　山梨県企業局 電気課 新エネルギーシステム推進室 室長　宮崎 和也様
　山梨県立博物館 学芸課 学芸担当 学芸員　小畑 茂雄様
　山梨中銀金融資料館 学芸員　亀井 大輔様

第4章 山梨の農村地域の豊かさと農業の楽しさ

〜人と地域が紡ぐストーリー〜

はじめに 　筆者がライフワークとして取り組む農業・農村の活性化は、若者の定住と深く連動しており、後継者が他産業に就職してしまうことにより、農村は高齢化や担い手不足により活力が失われる。逆に、若者の移住により地域に活力が生まれる事例も増えてきている。

「若者に移住してほしい」、この想いは移住促進にかかわる全国の多くの自治体関係者は共通しているが、住民はどうだろうか。

移住に当たっては、地域住民の意識の醸成が必要であり、地域住民自らが危機感を持つことこそ重要であると筆者は考えている。移住を促進するため、各種制度が創設されている。それらを活用して移住してきた若者がうまく定着できない事例も散見され、話を聞くとやはり住民の協力体制ができてないことが根底にあると感じる。

逆にうまく定着している事例では、地域住民自らが移住者との活動を楽しんでいる感がある。本稿では、筆者が関わっている様々な農村地域の取り組みを俯瞰しながら地域の農家や移住者が楽しんでいる様子を示していきたい。

本稿の内容は、筆者が把握している内容であり、実際はもっと複雑かもしれないし、取り上げた地域以外にもたくさんの楽しいことが潜んでいるかもしれない。だが、担い手不足や産地の維持に危機感を感じている農家、移住促進を促す地方自治体の職員、ここに示した地域の関係者、そういった方々の一人にでも本稿が目に留まり、実践につながっていくことを願っている。

1 | 山梨県農業の概要

　山梨県の農業は、耕地面積は狭いものの単位面積あたりの所得は全国トップクラスにある。全国的には面積あたりの所得が低い水稲生産が経営の中心であることに対比して、山梨県では、生産性の高い果樹生産が全生産額の約60%を占めることによるものである。狭いながらも、高度な技術に基づいて労働力を投下し、高い生産性を誇っているのである。

　実際に、山梨県農政部がまとめた平成22年の「ポケット統計資料」によれば、耕地10 aあたりの土地生産性は全国トップとなっている[*1]。

　山梨県の農業生産額は、天候不順だった令和2年においても約1000億円を維持している。山梨県の農業生産額は、過去一時的に年間900億円近くまで減少したものの、シャインマスカットの生産や販売が好調であることで大きく回復している。山梨県は江戸時代から「甲州八珍果」という言葉があるほど昔から果樹生産が盛んなのである。

　また、野菜についても小ロットながらも歴史的に高品質な野菜が生産されてきた。生産額は一時期年間100億円を下回ったものの、北杜市を中心とした大規模な企業参入が増加したことで、令和2年には150億円に迫っている。特にトマトの生産額の増加が著しい[*2]。

＊1　山梨県農政部　https://www.pref.yamanashi.jp/nousei-som/documents/pockettoukeih22_1.pdf
＊2　山梨県農政部　https://www.pref.yamanashi.jp/nousei-som/documents/nougyouseisangakur2.pdf

2 | 農業の担い手対策の概要

　農業の担い手確保の課題は、古くて新しい課題である。おそらく農業分野だけではなく、商業や他の一次産業においても担い手確保は共通の課題であろう。

　山梨県では、平成22年度に農業の担い手確保に取り組む「担い手対策室」が立ち上がった。就農定着支援制度や国の青年給付金、農業協力隊制度等に多様の施策を重層的にかつ一体的に取り組んだことで、年間の新規就農者数は平成21年に100名を超え、令和2年には314名となっており、ここ数年高止まっている。

　また、農業の多様な担い手の一つとして企業を位置付けており、令和3年度までに155社が参入している。関係者の努力もあり、コンスタントに参入が続いている。[3]

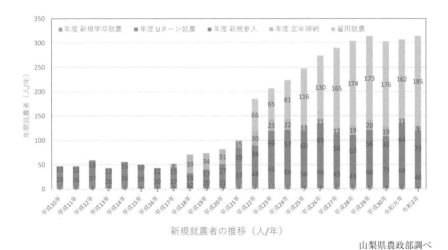

新規就農者の推移（人/年）

山梨県農政部調べ

図1 | 新規就農者の推移

　現在でも、県内外の就農相談会には多くの相談者が訪れるなど、山梨県での就農に対する関心は高い。特にコロナウイルス感染症拡大により生活スタイルが変化し、多様な働き方の推進やテレワークの定着もあり、就農相談が増えているようである。[4]

＊3　山梨県　https://www.pref.yamanashi.jp/nousei-som/documents/r3yamanashitoukei.pdf
＊4　マイナビ農業　https://agri.mynavi.jp/2021_11_02_175514/

　就農だけにとどまらず、移住自体も山梨県は人気があり、NPO法人ふるさと回帰センターの移住希望地域ランキングでも山梨県は上位をキープしている。（令和２年度に全国３位）[*5]

　農業の担い手確保のため、このような関心の高さを的確にキャッチしていくことが重要であり、担い手確保に成果が出ている地域の事例を紐解いていく。

3 | 事例の研究

　ここでは、県内の各地域での活動事例を掘り下げて具体的な活動と関わる人物から、活動のコンセプトや課題などについて解説する。具体的には、果樹と野菜の複合経営地帯（甲府市中道地区）、果樹地帯（笛吹市八代地区）、有機農業地帯（北杜市全域）、企業参入エリア（北杜市全体）の４地域で事例を分析していく。

3.1 | 甲府市中道地区のケース：果樹と野菜の複合経営地帯

3.1.1　甲府市中道地区

　甲府市南部に位置する中道地区は、旧東八代郡中道町である。宿場町を中心とする長閑な田園地帯で、平成18年を契機とするいわゆる平成の大合併のため、甲府市への吸収合併に伴い、旧中道町は、甲府市右左口町、甲府市心経寺町、甲府市中畑町、甲府市上向山町、甲府市下向山町、甲府市白井町、甲府市上曽根町、甲府市下曽根町に分かれた[*6]。

　中道地区は、もともと養蚕と水稲生産が盛んな地域で、昭和40年ごろからは早出しのスイートコーン、抑制ナスの生産が盛んとなってきたところに、昭和50年代から果樹の導入が進められて県内随一の野菜と果樹の複合経営の産地を形成している[*7]。

＊5　ふるさと回帰センター　https://www.furusatokaiki.net/topics/ranking_2021/
＊6　甲府市　https://www.city.kofu.yamanashi.jp/welcome/rekishi/oukan.html
＊7　甲府市　https://www.city.kofu.yamanashi.jp/welcome/brand/corn.html

3.1.2　担い手育成の動き

　農業の後継者育成、担い手育成は多くの農村における重要なテーマである。旧中道町でも従前から担い手育成は、農家の意識の中に漠然とあったものの、明確な行動にはつながっていなかった。

　中道地区で農業の担い手育成の動きが本格化したのは、平成21年に農事組合法人「アグリ・なかみち」（代表理事　五味善三氏）が設立されてからである。行政サイドの働きかけにより夜な夜な農家向けの説明会が繰り返された後、「研修生の受け入れと育成」を主目的した「（農）アグリ・なかみち」が設立された。構成員は9名で、全員が大農家であり、ゆくゆくは各個人の経営を法人に集約することも視野に入れていた。

　また、構成員となる農家の経営品目は、野菜、果樹、花きと多岐に及んでおり、年間の作業体系を組み合わせることにより、年間を通じた雇用につながる可能性さえ考えられていた。

　これは、最近でいう特定地域づくり事業協同組合にも共通する考え方である。

　ただし、実際には各農家が個別の経営を頑張っているため、（農）アグリ・なかみちへの経営には集約できていない。

　（農）アグリ・なかみちは、設立以降20人以上の農業研修生を受け入れ育成し、定着を支援してきた。令和2年度には県のアグリマスターとして位置づけられ、令和3年度にはこれまでの活動が評価され、サンニチYBS農業賞において奨励賞を受賞した。

3.1.3　農業おこし協力隊の受け入れ：山崎将君

　地域おこし協力隊制度は全国的に認知度が高まっている。

　この制度は、民主党政権時代にスタートした制度で、都市地域から過疎地域等の条件不利地域に住民票を異動し、地域ブランドや地場産品の開発・販売・PR等の地域おこし支援や、農林水産業への従事、住民支援などの「地域協力活動」を行いながら、その地域への定住・定着を図る取り組みである。この制度で活動する者は協力隊や協力隊員と呼ばれ、各自治体の委嘱を受けて活動しており、任期は概ね1年以上3年未満となっている。

　令和3年度で約6,000人の協力隊員が全国で活動しているが、国は協力隊員を令和6年度に8,000人に増やすという目標を掲げており、地域おこし協力隊の強化を行うこととしている。

　具体的な活動内容や条件、待遇は、募集自治体により様々であり、自治体の中に入り自治体のイベントなどを支援したり、自治体から委託された団体での活動をしたり活動のレベルや深さ、協力隊員が感じるやりがい等は千差万別である。

　総務省では、地域おこし協力隊の活動に要する経費として、隊員1人あたり480万円を上限として、特別交付税による財政措置を行っている[8]。

図2 ｜ 村祭りで神輿を担ぐ山崎君

　山梨県では、この制度の黎明期である平成21年に、山梨県で農業を行っていた俳優の菅原文太氏を隊長として、農業に特化した「農業協力隊」がスタートした。農業協力隊を運営するにあたり山梨県から委託を受けた農業関係団体（JAや農業法人）において隊員の募集や活動を行うこととしており、（農）アグリ・なかみちでも農業協力隊の支援機関として委託を受け、隊員を募集し活動を支援することとなった。平成22年のことと記憶している。

　現在では、多くの自治体において地域おこし協力隊制度が導入され、自治体間での隊員（人材）の奪い合いになっている状況であるが、（農）アグリ・なかみちが隊員の募集をした時点では協力隊制度を導入している自治体は少なかった。

　そのため、（農）アグリ・なかみちの協力

＊8　総務省地域おこし協力隊　https://www.soumu.go.jp/main_sosiki/jichi_gyousei/c-gyousei/02gyosei08_03000066.html

隊員募集には1名の募集枠に対して5名のエントリーがあった。県内の他の支援機関でも同様の傾向で、都市部から移住する若者にとって研修しながら報償費がもらえる魅力的な制度であったためと推察される。

（農）アグリ・なかみちの農業協力隊員として選ばれたのが、山崎 将 君である。山崎君は、埼玉県の出身でバイク好きの好青年である。彼は（農）アグリ・なかみちでの農業協力隊の活動を通じて農業研修を行い、現在では新規就農者として独立し、中道地区でのナス生産に加え、他市でのシャインマスカット生産を行っている。常に新しいことにチャレンジして地域活性化に貢献している。様々なことにチャレンジする彼の姿勢は、地域の農家や移住した若者に大きな影響を与えている。[*9]

3.1.4 若者の移住：菅沼祐介君

山崎君に続いて中道地区で移住就農した若者に菅沼祐介君がいる。彼は、平成26年の未曾有の大雪による雪害時にボランティアとして中道地区を訪れたのを契機に就農した。中道地区に来てくれたのは、前述の山崎君との縁によるもので、学生だった菅沼君は、雪害復旧の活動の中で、農村の疲弊具合に大きな衝撃を受けたという。

中道地区にボランティアに来てくれた当時、彼はまだ大学3年生で、就職先はすでに決定していた。中道地区の農家に少しでも力になりたい、そして自らも農業をしたいと決心し、大学卒業後中道地区に飛び込んできてくれた。

移住後1年間ほど、筆者の実家で農業研修を受け、その後独立した。現在はスイートコーンを中心に、スモモ、ナスなどを生産し、経営は安定している。

自己の経営安定を進める一方で、彼は出身校のネットワークを活用した都市農村交流も積極的に進めている。平成28年度には農林水産省の交付金である「都市農村共生・対流交付金」を活用し、地域の農家とともに多くの都市部の若者の農業体験を受け入れた。その活動は中道1000人プロジェクトに詳しい。[*10]

また、同交付金を活用して実施した「地域の農業青年と他地域・他産業の女性

---

*9 甲府の暮らし方 https://kofu-iju.com/archives/column/%E7%A7%92%E9%80%9F%E3%81%A7%E8%80%95%E3%81%99%E8%BE%B2%E6%A5%AD%E7%94%B7%E3%81%AE%E9%83%BD%E4%BC%9A%E3%82%88%E3%82%8A%E7%A8%BC%E3%81%90%E3%83%A1%E3%82%BD%E3%83%83%E3%83%89

*10 中道1000人プロジェクト https://www.facebook.com/nakamichi1000/

を対象とした農業婚活」は特筆すべきもので、イベントは1回のみであったが3組のカップルが生まれ、1組は実際に結婚に至った。結婚したカップルは、一緒にシャインマスカットを生産しながら暮らしていて、今でも会うたびに感謝される。

　事前の講習会からアフターフォローまで備えたこの一連の農業婚活の取り組みは、甲府市からも評価を受け、翌年度から市の単独事業として実施されたと聞いている。

　農業青年にとってパートナーを見つけることは、やはり他産業より困難なのかもしれない。（なにせ出会いのチャンスが少ない）

3.1.5　広がる新規就農者と正のスパイラル

　山崎君、菅沼君とこれまで地域で事例がなかった県外からの移住就農者が現れ、地域の中での活動が軌道に乗り始めた平成29年。甲府市が都市住民の移住を促進するために、移住希望者向けに農村にショートステイする事業を実施することとなった。

　都市部からの移住者が、移住後、抱いていたイメージと異なることで、従前の地域住民とトラブルを起こして都市部に帰っていく事例が散見される。移住前のリサーチは当然しているものの、表面的なリサーチでは限界があるためである。

　甲府市は、この就農体験ショートステイ事業を実施するとともに、実際の様子を動画としてYouTubeにアップしたのである。この動画はとてもよくできているのでぜひ通覧いただきたい。[11]

　就農体験ショートステイ事業は、1泊2日のショートステイで実際の農業や農村を体験してもらうものであるが、この事業で就農に至った市川哲平君などの新規就農者もいるし、この動画を見てこの地域に移住して就農した若者もいる。中道地区では続々と新規就農者が増えている。

3.1.6　筆者の希望と活用ツール

　（農）アグリ・なかみち設立から10年。ようやくここまできた。これは、まさに正のスパイラルで、この動きを止めてはいけないと筆者は考えている。

---

*11　就農体験ホームステイ　https://www.youtube.com/watch?v=tQg0reJit9I

　将来的に、この新規就農者たちが農業の指導者（アグリマスター）となり、次の若い就農希望者を受け入れて、定着につなげていく未来を思い描いている。また、彼らが自由な発想のもとに新しい活動に挑戦してほしいと考えている。

　そのための、移住就農した彼らの活動を支援するひとつのツールがLINEアプリである。中道地区の若手農業者用のLINEを作り、情報共有の場を作っている。ここから、アイデアや議論を通じて新しい取り組みを生み出したいというのが筆者の野望である。

　実際に、このLINEからスピンオフした取り組みとして、「フリルレタスプロジェクト」、「秋モロコシプロジェクト」がある。

　「フリルレタスプロジェクト」は、地域の農産物直売所「風土記の丘農産物直売所」において、冬場の品揃えが不足することから、近年人気が高まっているフリルレタスを冬場に連続出荷していこうというプロジェクトで、スイートコーン用の簡易なトンネルにより12月から4月までの連続出荷が可能となり、山梨県中北農務事務所の協力により栽培マニュアルが完成している。（まだ未熟な部分はあるが）

　「秋モロコシプロジェクト」は、通常6月〜7月に出荷するスイートコーンを9月以降に出荷するいわゆる抑制栽培に挑戦するプロジェクトである。

　秋モロコシプロジェクトは、山梨県総合農業技術センターの成果情報を受けたもので、7月〜8月に播種し、9月〜11月に収穫する栽培体系であるが、初期の苗の安定生育と病害虫防除がキーポイントである。[12] 少しずつ秋らしく涼しくなっていく時期、行楽シーズンにスイートコーンの需要は高く、直売所での販売は良好である。

　「フリルレタスプロジェクト」の活動は細々としているが、「秋モロコシプロジェクト」の活動は県下全域に拡大し、多くの農家が情報を共有し、実践するに至っている。

3.1.7　課題

　地域の農家が新規就農希望者を受け入れ、定着を支援しつつ、移住した若者たちが新しいムーブメントを起こしている中道地区の事例は大変優秀で、今後も移住者の増加が予想される。

＊12　山梨県総合農業技術センター　https://www.pref.yamanashi.jp/sounou-gjt/documents/2ko-nsakugataheitanti.pdf

　その中、新規就農者を増やしていくうえでの最大の課題は住居、つまり「家」であると筆者は考えている。

　就農時には、「農地」、「栽培技術」、「販路」が大切とよく言われるが、さらに日常生活を送り、農産物を集出荷し、農業用機械が収納できる「家」の確保が最も大切で大変である。

　理想的な、古民家的な住宅などの賃貸物件は、めったに出ない。自治体が運営する空き家バンクを利用してでもある。出るのは、売却物件かアパートであり、新規就農者にとって適する家は、地元住民の協力があったとしても、確保に苦労している声はよく聞こえる。

　移住者に適する家を用意できるかが、その地域に若者が来るかどうかの分かれ目であり、地域の本気度が問われる。

　中道地区については、他にも面白い話がたくさんあるが、それはまた別の機会に譲ることとする。

3.2 ｜ 笛吹市八代地区のケース：果樹地帯

3.2.1　八代地区の農業

　笛吹市八代地区は、旧東八代郡八代町である。甲府盆地の南縁に位置し、御坂山地の山麓から浅川扇状地にかけての一帯には、縄文時代からの遺跡が濃密に分布する地域で、縄文前期の集落遺跡からは、獣骨や魚骨、堅果やエゴマなど当時の食生活に関する幅広い自然資料が出土している。

　明治には、県の基幹産業として奨励された養蚕が広まるが、明治40年に県内を襲った大水害の被害や養蚕不況の影響を受けた。戦後には、養蚕から果樹への転換が進んだ。旧八代町は農業立村を掲げ野菜や花卉の栽培などを奨励した。

　現在では、ブドウやモモを中心として、ナスやスイートコーンの栽培も見られ、県内で最も農業が盛んな地域の一つである。

3.2.2　担い手育成の動き（産地を守る会果樹やつしろ、（農）アグリONE）

　全国的に同様の状況であるが、この農業が盛んな地域にあっても農業の担い手不

足、農家の高齢化は起こっている。この流れを食い止めようとしているのが、八代地区の風間博文氏を中心とするグループである。

　私が風間氏と出会ったのは、平成21年頃で、まだ青年農業士だった彼は精力的な活動を行っていた。山梨県の就農支援制度であるアグリマスター制度が創出されたのが平成22年度であり、風間氏を代表とする4名のグループ「産地を守る会果樹やつしろ」がアグリマスターとして就農希望者への技術指導や就農支援を行うこととなった。

　この4名のグループをベースにして、農事組合法人「アグリONE」が風間氏を代表として設立されたのが平成23年のことであり、それ以来多くの農業大学校の研修生、就農希望者などの受け入れを行い、20名以上が地域に就農することとなった。現在、（農）アグリONEは、ブドウ農家の竹野覚士氏が代表となっている。

　（農）アグリONEで研修を受けた跡部祐一氏は、栽培技術はもちろんのこと、就農後の農地確保、住居、販路についても手厚い支援を受けて就農し定着した。彼は去年結婚してパートナーと一緒に農業をしながら暮らしている。

3.2.3　フルーツ大使のこと

　（農）アグリONEは、研修会や食育活動など多くのことを実践しているが、最も特徴的な取り組みは、山梨学院大学と連携して実施している「フルーツ大使」制度ではないだろうか。平成25年度からスタートした取り組みである。

　（農）アグリONEが中心となり、八代地区の様々な団体で構成される「八代地区都市農村交流推進協議会」（以後、「八代協議会」という。）が主体となり、山梨学院大学健康栄養学部の仲尾玲子元教授と名取貴光教授の協力のもと進められている。

　具体的には、八代協議会が希望する学生を「フルーツ大使」として委嘱し、フルーツ大使としてももやぶどうの管理作業や加工品開発を行っている。「フルーツ大使」の活動は、今年10年目を迎え、これまで500名を超える学生が「フルーツ大使」として委嘱を受けて活動してきた。「フルーツ大使」としての活動を通じて、学生の農業・農村に対する理解は深まり、アンケート結果によれば「フルーツ大使」として位置づけられたことで、家庭でフルーツの会話が増え、農家の嫁になりたいという学生もいた。

平成30年には、山梨大学で開催された日本食品保蔵学会においてこれまでの活動発表し、高く評価された。

「フルーツ大使」には委嘱状とフルーツのミドルネームが入った名刺が与えられ、自分のミドルネームのフルーツを推すこととなる。中には就職活動の中で名刺を活用した

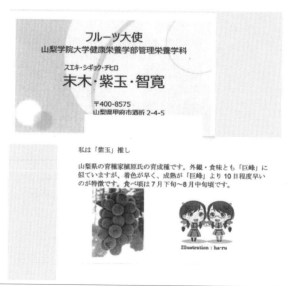

図3　フルーツ大使用のミドルネーム入りの名刺

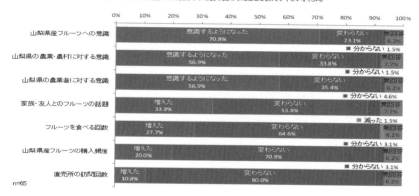

筆者調べ

図4　フルーツ大使の活動による意識の変化

学生もいたようである。

3.2.4　これからの八代地区

　八代地区における風間氏と竹野氏を中心とした活動は、今後も続いていくだろう。彼らの創意工夫によって活動は拡大しつつ、深化していくと期待される。今年は、農水省の事業を活用して、女性用のバイオトイレを整備することとなった。[*13]

　トイレですべて解決できるわけではないが、女性に気持ちよく作業をしていただくという考え方は、新規就農者の確保につながっていく。これは他産業にも通じる。

　八代地区については、他にも面白い話がたくさんあるが、それはまた別の機会に譲ることとする。

3.3　北杜市の有機農業のケース：有機農業地帯

3.3.1　北杜市の農業の概要

　北杜市は、山梨県北西部（長野県との県境）に位置し、八ケ岳や南アルプスなどの日本有数の山々に囲まれている。人口は約 45,000 人で本県では中規模である。

　平成 16 年 11 月のいわゆる平成の大合併により発足して以降、山紫水明の地として全国に誇れる自然環境の恵みを受け、「多世代が交流し、まちに人が溢れ、住み続けたいまち、住んでみたいまち」を目指し、農業・観光業の活性化や移住定住促進、子育て支援の充実などの各政策を実行してきた。

　特に近年、本市の基幹産業である農業分野においては、長年の課題であった広大な荒廃農地を強みとして活かし、トマトやパプリカの養液栽培等新たな大規模農業に挑戦する企業型農業法人を 20 社以上誘致するなど、市内での安定した雇用の確保にもつながっている。

3.3.2　有機農業の拡大と聖地化

　北杜市は、八ヶ岳南麓の冷涼な気候と日本トップレベルの日照時間を有しており、

---

*13　農林水産省（農業労働力確保緊急支援事業のうち女性の活躍推進対策のうち地域で女性が働きやすい環境の整備）https://www.maff.go.jp/j/keiei/jyosei/gaido.html#menu07

古くから有機農業が盛んである。

　70歳代となった第一世代（筆者はそう呼ぶ）の有機農家がベースを作り、そこに第一世代の弟子たちの世代（筆者は「第二世代」と呼ぶ）が育ち、さらにそのお弟子たちが研修生を受け入れ、有機農家を増やしていく正のスパイラルになっている。

　この仕組みは、一朝一夕にはできない仕組みで、何十年もかけて有機農家と地域行政が協力して作り上げたモデルである。先に紹介した中道地区の事例もこの北杜市のモデルを参考にしている。

　有機JAS認証を取得している農家、認証は取得していないが栽培期間中化学農薬・化学肥料を使用していない農家を含めて広義での有機農家は100名程度いると推測される。[*14]

3.3.3　山梨県立農業大学校の有機農業コース

　山梨県立農業大学校は、昭和24年に設立された農業講習所をベースとして、いくつかの機関を統合して昭和45年に設立された農業教育機関で、2年間の養成科の上に2年間の専攻科が用意されている。

　また、社会人を対象とした職業訓練農業科は、いわゆる職業訓練の一環で求業者を対象として平成16年度に開設された。農業法人などへの就職を目指して実践的な栽培技術を身に着けられるように、訓練時間の1/3が座学、1/3が農大での栽培実習、1/3が先進的な農家での実習となっている。訓練期間は約10か月（短期は6か月）で農業の基礎を一気に詰め込む訓練である。

　従前、果樹コースと野菜コースがあったが、有機農業への関心の高まりを受けて平成28年度に職業訓練農業科の中に有機農業コースが追加された。有機農業コースでは、有機農業専用の圃場での栽培実習や有機農家での栽培実習のほか、第一線の有機農家による講習などを受けることができる。

3.3.4　有機農業の流派と共同出荷の取り組みについて

　一口に有機農業といっても、多くの流派が存在する。一般的には有機JAS認証

＊14　山梨総合研究所　https://www.yafo.or.jp/2014/12/26/3225/

を取得して有機農業や有機農産物を名乗れるが、有機JAS認証を取得せず「栽培期間中化学合成農薬や肥料を使っていない」と表記する有機的な農家もいる。また、生産量に重点を置く農家、品質に重点を置く農家等思想は様々である。思想の多様性は、有機農業の特徴であるが、販売ロットが矮小化につながるため有機農業の弱点でもある。多様化しすぎて大きなロットでの取引がしにくいのであるが、有機農家の多様性を活かしたまま共同で出荷する取り組みが成功している事例を紹介したい。

北杜市の若手農業者で組織する「やまそだち」という共同出荷グループの取り組みである。メンバーは畑山貴宏氏を中心として、有機JAS認証をとっていたり、とっていなかったり、新規就農者であったりベテランであったりと様々である。

「やまそだち」は、同じく北杜市で企業参入した（株）九州屋とのコラボにより共同出荷をしていて、複数農家による出荷グループでよく課題となる注文数、発注数の把握を極めてシンプルな方法でクリアしている。

ネット上に出荷管理用の共有ファイルを置き、メンバーである農家が定期的に出荷可能量を入力し、九州屋のバイヤーがそれを見て必要数を発注するというものである。出荷する農産物の規格は「やまそだち」がベースを作り、九州屋との間で調整しながら決定した。九州屋の意向で、有機JAS認証の農産物とそうでない農産物に明確な取引価格の差を設けているため、多くのメンバーが有機JAS取得を検討するに至っている。

注文を受けた農産物は、各農家が畑山氏のところに運び込み、北杜市内にある九州屋の農場まで運ばれる。農産物の運搬はメンバーが当番で運んだり、北杜市の地域おこし協力隊が運んだりと様々な検討をしてきたが、現在は九州屋が集荷にきているらしい。

この共同出荷の仕組みは、汎用性が高く、例えば「やまそだち」が九州屋以外と取引をする際にも、ネット上のファイルを一つ増やすだけで対応可能である。この仕組みは「やまそだち」に関係する農家が作り上げたのである。

この取り組みの中に、前述の山梨県立農業大学校の有機農業コースを平成29年度に卒業した田中千春さんも参加していることは感慨深い。筆者は、彼女と東京の就農相談会で出会い、話をしながら畑山氏のグループとの連携をイメージしていた。[*15]

3.3.5　法人化

　農業経営の在り方は、経営者の考え方による。家族経営のまま行く農家もいれば、法人化に進む農家もいる。いわゆる農業法人は、一般法人と農地を所有できる農地所有適格法人に分かれる。山梨県の農地所有適格法人は、令和2年度に244法人と着々と増えている。一般法人数のデータはないが、体感的には農地所有適格法人と同数程度と捉えている。

　法人化により信用力が増して販売力が増加するとともに、優秀な従業員の雇用のつながることがメリットとしてよくあげられるが、私は法人化により経営継承のハードルが格段に下がることが一番大きいメリットの一つと考えている。

　北杜市の有機農家でも法人化が進んできており、古くは（有）梶原農場があり、最近気鋭の法人として、岸根正明氏の(株)ロケット農場や、井上能孝氏の(株)ファーマンがあげられる。岸根氏は全国初の有機野菜サラダを開発して農業経営の在り方を劇的に改変し、井上氏は俳優の工藤阿須加氏との交流、都市農村交流や近隣の廃校の指定管理等幅広い事業を展開している。

　彼らのような優良な事例を基に、今後の北杜市における農業の法人化は促進されていくだろう。

　北杜市の有機農業については、他にも面白い話がたくさんあるが、それはまた別の機会に譲ることとする。

3.4 ┃ 北杜市全体：企業参入エリア

3.4.1　企業の農業参入の経緯

　近年、企業による農業参入が増加している。これは、平成21年に農地法が改正され、企業でも農地を借りやすくなったことに加えて、農業にビジネスチャンスを見出す企業が増えたこと、参入した事例が増えたことによるものだと思われる。[16]

　山梨県でも企業は農業の多様な担い手の一つとして位置づけられて、平成21年

＊15　やまそだち　http://www.yamasodachi.com/
＊16　農林水産省　https://www.maff.go.jp/j/keiei/koukai/sannyu/kigyou_sannyu.html

度に県農政部内に企業参入専任の担当者が配属された。それ以来、多くの企業が農業に参入し、令和3年度までに155社の企業が農業に参入している。

　企業が農業に参入する目的は様々である。企業参入が始まった初期にはワイナリーがワイン原料を自社調達するためにブドウ生産に取り組んだり、県内の建設業者が夏場に仕事を作るために農業に参入したりと、もともと地域に縁のある企業の参入がメインであった。しかし、近年では、北杜市を中心として、環境制御しやすい大規模施設園芸に取り組んで利益を求める企業の参入も増えてきた。この傾向は今後も続くと思われる。

　コロナウイルス感染症拡大の影響は、多くの企業の経済活動に影響を及ぼしており、しばらくその影響は続くと思われるが、その一方でアフターコロナを見据えて農業をビジネスチャンスととらえている企業も多いと聞く。

　全国的にみれば、農業参入した参入の撤退は決して少なくないが、失敗した事例の研究を経て、ビジネスとして農業参入を考える企業が増えてきている。

3.4.2　北杜市の事例

　県内で企業参入が圧倒的に多いのは北杜市である。

　北杜市は、山梨県の旧北巨摩郡8町村（小淵沢町・長坂町・高根町・大泉村・白州町・武川村・須玉町・明野村）が合併して生まれた市である。古くから米作が盛んで、多くの野菜の産地が形成されていたが、近年では高齢化により産地が縮小し、荒廃農地が増加している。

　こうした中、北杜市（旧明野町）とJA梨北が出資した北杜市農業振興公社が設立されたのが、平成8年のことである。担い手の育成、農地の集約に大きな役割を果たしている。

　企業が農業参入するとき、日照時間等の気象条件やインターチェンジへのアクセスなどから候補エリアや市町村を絞り込むが、ビジネスとして大規模な農業生産を行うためのまとまった農地が確保できるかどうかが参入場所を決定する大きな要因となる。

　大規模な基盤整備を伴う場合、地権者合意等の作業があり、北杜市においては、この合意作業を市の農業振興公社が受け持つため、他の地域と比較して強力に基盤整備を進められる。[17]

3.4.3　参入した企業同士の協力体制

　前述したように北杜市で農業参入した企業は多く、全国的にも有数の企業参入エリアとなっている。以前筆者は、幕張メッセで開催された農業WEEKで自治体ブースを訪問したことがあるが、そこにいたすべての自治体担当者が北杜市の事例を把握していたほどである。

　参入した企業が増えてくると特徴的な活動が生まれてくる。平成26年に設立された「北杜市農業企業コンソーシアム」（以後、「コンソーシアム」という。）は、現在農業参入した17社により構成され、月1回の定例の情報共有に加え、「雇用部会」、「流通部会」、「環境部会」に分かれ活動している。

　コンソーシアム全体としてはコロナウイルス感染症拡大により、活動は抑制気味であるが、コロナ禍においても継続している山梨県立農業大学校との交流会は企業側にとっては人材確保、学校側にとっては就職先に確保につながる効果を生み出している。

　部会活動における最近の話題としては、「雇用部会」では外国人労働者の受け入れ、「流通部会」では効率的な共同配送の仕組み（日本通運の子会社がメンバーとなっている）、「環境部会」では植物残渣の堆肥化等が検討されている。

　このコンソーシアムには、関係する行政部局も賛助会員として参加しており、情報提供などの場となっている。[18]

3.4.4　北杜市フードバレー協議会のこと

　前述してきたように、北杜市には多くの有機農家、農業法人、参入企業があり、それ以外にもコメを中心とした伝統的な集落営農組織も多く存在する。

　そうした多くのプレイヤーが集まっているのが、平成29年度に設立された「北杜市フードバレー協議会」（以下、「フードバレー協議会」という。）である。

　フードバレー協議会は、農業法人や新規就農者、ベテラン農家、集落営農組織、宿泊・飲食店など、「農」と「食」にかかわる市内関係者による横断的な地域運営ネットワーク（協働体制）で、事業者間連携や他業種間連携を促し協働を図ることにより、

＊17　野菜情報　https://www.alic.go.jp/content/000149986.pdf
＊18　北杜市農業企業コンソーシアム　https://hokutoconsortium.wixsite.com/home

6次産業化による高付加価値化や生産性の向上、物流の効率化によるコストダウン、販路の更なる拡大、マーケットインの発想による農観連携等の新しい事業発展の取組を推進していくことを目的としている。[19]

フードバレー協議会の事業は、「市の連絡調整のもと、「農」と「食」に携わる市内関係者による横断的な地域運営ネットワークとして組織を立ち上げ、関係者による協働事業として、生産者と宿泊・飲食等を直接繋ぐ新たな市内物流の創設、農観連携ツーリズムや都市部シェフ・バイヤーとの合同商談会の共同企画、物流棟の共同化、活動拠点の整備等を実施又はこれらを実施する若者等協議会構成員を支援する」とある。

フードバレー協議会は、市が事務局となり、関係者間の連絡調整を支援しながら、フードバレー協議会が将来的に自立運営できるように、事業による自主財源の確保や事務局機能の確立などについても同時に検討している。設立以来、農業者による自主的な活動を模索してきており、小淵沢町で営農するオーガニックライフ八ヶ岳（株）の大塚広夫氏が会長となった令和3年度あたりから活動が本格化してきている。今後の活動が楽しみな団体である。

特に協議会のウェブサイトには、構成員の個別の活動が紹介されており、一読の価値がある。

現在、協議会において推進中のプロジェクトは以下の5つである。

①地産地消・地産全消プロジェクト

②北の杜ソウルフードプロジェクト

③農観連携ツーリズムプロジェクト

④農畜産物認証プロジェクト

⑤企業版ふるさと納税による財源の確保

これらのプロジェクト中で、「自主的な活動」から踏み出された多様な活動が展開されている。

例えば、①では農家とバイヤーのマッチングイベント、②では地元の高校と連携した商品開発、③では北杜市の酒蔵ツアー、④ではGAP取得の勉強会や「環境王国」

*19　北杜市フードバレー協議会　https://hokuto-fv.com/about/

への登録を進めている。

　企業参入やフードバレー協議会については、他にも面白い話がたくさんあるが、それはまた別の機会に譲ることとする。

4 ｜ まとめとこれからの実践

　豊かさには様々な定義がある。経済的な指標で示すことが一般的であるが、精神的な豊かさを示すこともある。筆者はそこに住む人たちが楽しく過ごせることが豊かさだと考えている。農村地域でいえば、農家が農業を営みながら、毎日楽しくすごすことが豊かさである。

　また、農業や農村には農産物を生産するだけでなく、「国土の保全、水源の涵養、自然環境の保全、景観の形成、文化の伝承」等多くの機能（多面的機能）がある。これらは多くの県民・国民にとって豊かさの基礎となるものであり、農家によってこれらの機能は維持されているのである。農家の減少を食い止めることは豊かさの基礎を守ることである。

　ここまで、今後農家の増加が期待される各地域の取り組みを掘り下げてきたが、これらの取り組みから見えることは、

　①当事者が自ら動いて楽しんでいること

　②当事者同士の化学反応が起きていること

　③それらをしっかり情報発信していること

の3点に集約されると筆者は考えている。

　繰り返しになってしまうが、農業・農村において担い手不足や高齢化が指摘されて久しい中、新しい取り組みにより担い手を確保し、若者が定着している事例が出てきている。

　我々が住む社会は、多様なプレイヤーが存在し、多様なネットワークを構成している。スマートフォンの発展に伴いSNSが発展し、同好の士とつながりやすくなっているし、望めば様々な情報に簡単にアクセスすることが可能となってきた。

　また、コロナウイルス感染症拡大により、テレワークの仕組みやオンラインミーティングの仕組みが急速に発展した。

　コロナウイルスの蔓延は、経済活動としてはマイナスであるが、その中で対応しようとする人間の知恵から、新しい技術が社会に浸透した。オンラインミーティングの仕組み（ZOOM や Microsoftteams）の発展は、SNS から得られる知識に加えて、リアルな人間同士の付き合いから得られる生きた知識に近い知識を得やすい環境をもたらした。

　「何かをしたい」という意思があるのであれば、多くの知識を得て、実践し、その実践の様子を共有し、共感を得ることが可能となった。これは大きな社会の変化であり、孤軍奮闘する者の支援する仕組みともなりうる。

　誰でも自分の住む地域が「困った」と思ったら、知識を得て、実践し、共有し、発信するツールは揃っているのである。あとは、動くための心のエンジン（モチベーション）があればよい。

　心のエンジンは、急には駆動しないと筆者は思う。地域や人に深くかかわり、愛着や愛情がないと動かないし、訓練しないと動かないのである。

　まず、やってみることが大切だ。最初は小さいトライで構わないのだ。心にエンジンをかけるのだ。

第5章 山梨ワインの歴史と展望
～先人の汗が築いた山梨の豊かさを未来へ～

はじめに　あまり知られていないことだが、ワインは江戸時代にも造られていた。

　ただ、このワインは、ブドウの果汁を煮詰めて、これを砂糖や焼酎、白酒に混ぜたもの。いわば焼酎にブドウジュースを溶かしたもので、フランスのコニャック地方などで造られるヴァン・ド・リキュール（リキュールワイン）という酒精強化ワインの一種類といえる。

　江戸時代後期になると、蘭学者が様々な書籍を翻訳するようになり、そこに書かれた醸造方法（アルコール発酵）でワインやビールが造られはじめている。現在のEUワイン法でいう「新鮮ブドウをアルコール発酵させる」という定義のワインの誕生だ。

　幕府の通訳士である宇田川榛斎が訳した『和蘭薬鏡（おらんだやくきょう）』（1819）には、1817年の秋、甲斐州市川村（現市川三郷町）の蘭学医橋本善也（伯寿）と鰍沢の薬屋白嶺屋勇蔵が、オランダの製法によって日本で始めてワインを醸造した記録がある。

　甘口ワインと渋いワインの2種類に加え、酒石も製造。なんと薬店を江戸に開いて販売している。

　橋本は長崎で医学を学んだ蘭学医。『断毒論』の著者で、当時流行していたコレラは「感染症であるから隔離が必要」という警告を発したが、幕府の医学館（漢方）とは異なる主張であるため、活動を制限されていた。そして、残念ながら橋本家は1832年には途絶えてしまい、現代につながるワイン造りは幕末の甲府の山田宥教（ゆうきょう）まで待たなければならなかった。

図1 　『和蘭薬鏡』（国立国会図書館所蔵）日本で初めてワインが醸造された記録が残る。

1 | 日本ワインの始まりは横浜開港

　横浜開港にともない、これまでにない様々な情報や文化が欧米から押し寄せ、日本の人々の暮らしに変化をもたらしてきた。そして、これを千載一遇のチャンスとしてとらえた地域の経済人もいた。

　山梨の篠原忠右衛門もその一人。元号が明治になる10年前の1859年、横浜開港と同時に甲州屋を開き、他県に先がけていち早く絹などの特産品の販売を始めている。この時の横浜での生糸相場は、これまでの国内相場の1.5倍で日本中の生糸が横浜に集まっていた。甲州屋は、大通りの三井越後屋横浜店の道をはさんで向かい側の一等地にあり、山梨の生糸や蚕種などを外国人に販売していた。

　ワインが本格的に日本に入ってきたのもこの時期。フランスを中心とした欧米のワインが大量に入っている。これはもっぱら日本に訪れている欧米人が飲むためのワインだっ

た。明治6年（1873）の統計によるとその量は4合ビン換算で約200万本、その7割がフランスからの輸入だった。

　つまり、横浜には大きなワイン市場があり、日本でワインを造ってここに売り込もうと考えても不思議ではなかった。特に、山梨のようにブドウが生産されている地域ではなおさらのことであった。

図2　『神奈川横浜新開港図』（国立国会図書館所蔵）東油川村（現笛吹市石和町）出身の篠原忠右衛門の開いた甲州屋は図の右から4軒目。

　では、この頃、山田宥教が住んでいた甲府の街の様子はどうだったのだろうか？

　イギリスの新聞記者ジョン・レディー・ブラックが編集刊行した「ザ・ファー・イースト」という英字の隔週刊誌がある。このなかに、明治4年（1871）の夏、横浜から駿府、富士登山、南部、身延、甲府、そして長野から前橋へとブラックらイギリス人3名が旅した記録があり、7月24日に甲府のことが書かれている。

　「甲府は駿府に比べれば人口1万5千人の小さな町だが、いい旅館があってきれいな街並みだ」と評され、そして特出すべきは「ヨーロッパの品々をいっぱい並べてある一軒の店があること」「その店にはイギリスのビールもあったこと」が記載されている。

　進取の気性がある山梨県人らしいエピソードで、このことから明治の初めには横浜と同様に甲府でも、イギリスのビールはもちろん、フランスのワインも既に販売されていた可能性が高いことが分る。

　さらに、7月25日の記録には「私たちはブドウ畑を見に外出した。ブドウ畑は町の

後方丘の上の斜面にあり、100エーカー（40ha）の地面を占めていた。ブドウの木は5フィート（1.5m）ほどの高さのところで、直立する柱に支えられた木の4つ目棚のところでたわめられ、その上を這っていた」とある。この「4つ目棚」は、今も山梨の主流である棚栽培のこと。

つまり、明治初年の甲府ではフランスのワインが売られ、ブドウ畑も40haもあった。また、明治2年には甲府の山宮から他県へのブドウの販売が行われていた記録も残っている。

こんな環境の中で、甲府市広庭町の大翁院の山田宥教は、明治以前から甲府と横浜を行き来してワイン造りや石鹸、白墨づくりにチャレンジしていた。また、当時横浜で生糸の商いをしていた勝沼出身の小沢善平は、「将来必ず日本人の嗜好に適すると思い、その原料の栽培ならびに製造方法を習得しようと欲した」「勝沼に戻ってワイン醸造を試してみたがうまくいかなかった」という記録も残している。

そして、横浜の甲州屋の2階はいつしか山梨関係者の宿泊所になり、ここで甲州商人の若尾逸平や樋口一葉の父親などが、ビールやワイン、ブランデーを飲んだと伝えられている。

山田宥教は、このように明治以前からワインの試醸をヤマブドウで行っていて、「明治3、4年の頃」には、同八日町の詫間憲久と共に販売を目的としてワイン造りの試醸を始めた。これが、現在につながる日本のワイン造りの始まりである。そして、明治7年（1874）には二人は会社を設立しワインの醸造免許を取って、詫間の日本酒蔵で甲州ワインなどを醸造したのであった。

では、明治7年に誕生した甲州ワイン、その原材料である甲州ブドウにはどのような歴史があるのだろうか？　甲州ブドウの発祥については、行基説、雨宮勘解由説の2つの伝説があるが、ここでは史実に基づきしばらくその数奇な運命をたどることとする。

2 ブドウ誕生と甲州ブドウの日本伝来

2.1 ブドウ誕生

　ブドウの原種の誕生は極めて古く、葉や種子の化石から、その祖先が出現したのは白亜紀と推測されている。白亜紀は約1億4500万年前に始まり、6600万年前の恐竜の絶滅とともに終わる。つまり、ブドウの原種は、恐竜が闊歩していた時代に出現したのであった。

　その後、ブドウ属（Vitis）が誕生したのは約2800万年前といわれている。現在は、約258万年前に始まった第四紀の氷河時代であり、今日まで4万～10万年の周期で氷期と温暖期が繰り返されている。そして、この気候に沿うようにブドウは繁栄と衰退を繰り返してきたのである。

　約7万年前に始まり1万年前（縄文早期）に終わった最終氷河期でもブドウはほぼ絶滅したが、南コーカサス、北アメリカ、東アジアでわずかに生き残った。

　これらのブドウは温暖期に再び繁殖を始め、各地に適応した進化を遂げて西アジア原種群、北アメリカ原種群、東アジア原種群の3つの原種群を形成した。現在、欧州ブドウといわれる西アジア原種群は2種類、北アメリカ原種群は35種類、東アジア原種群は40種類が確認されている。西アジア原種群は、地中海がある地形上、氷期のときにブドウが南下できずに多くの品種が絶滅していったと考えられている。

　現在、日本に残る東アジア原種は、ヤマブドウ、サンカクヅル、エビヅル、リュウキュウガネブなど7種類が確認されている。

2.2 欧州ブドウの中央アジアへの伝搬

　元々ブドウの原種は雌と雄の木が違う雌雄異株であるが、南コーカサスのヴィニフェラ種は、紀元前4000～3000年頃に雌雄同株に変異し、現在の栽培品種が誕生したと考えられている。この雌雄同株化したヨーロッパブドウ（ヴィニフェラ種）は、栽培化・家畜化されるなかで剪定が重ねられたところ、自衛本能で実の糖分を上げるとともに栄養繁殖（剪定枝からの繁殖）を身に着けていった。

　このヴィニフェラ種は、メソポタミアからエジプト、あるいはトルコからギリシャを経て

地中海沿岸諸国に伝わり欧州ブドウの名を得る一方で、古代ペルシアから中央アジアのトルキスタン諸国に伝播し東洋系ヴィニフェラ種群を形成した。

このブドウは、長い間、中央アジアの乾燥地帯で栽培されてきたが、中国には伝わらなかった。両地域の間には、動植物が越えられないパミール高原やタクラマカン砂漠があるからだ。

2.3 ｜ 中央アジアから中国へ

漢の武帝は、紀元前139年頃に張騫（ちょうけん）を西域に派遣し、張騫はパミール高原の西にある大宛（たいえん）国、現在のウズベキスタン東部の都市フェルガナで、初めてブドウとワインに出会い、これを長安に持ち帰った。匈奴に捕まりながらの旅は10年かかったが、この功績により張騫はシルクロードの開通者といわれている。

ヴィニフェラ種がフランスボルドー地域に伝わったのが紀元1世紀というから、中国にもほぼ同時期に伝わったといえる。

その後中国では、高昌国（トルファン周辺）でヴィニフェラ種が栽培されていたが、『唐書』（945）によると、唐の2代目太宗は640年に高昌国を破り、馬乳葡萄を苑中に植え葡萄酒を醸したという。8世紀になると山西省にブドウ作りは広がり、13世紀のマルコポーロ『東方見聞録』では、「葡萄酒は宮廷酒で、河北と山西太原に大規模な葡萄園があり、首都大都の宮中にも葡萄園があった。太原府は葡萄畑が多く、葡萄酒が国内各地に送られている」と、河北省と山西省のブドウとワインについて言及している。

しかし、西域から伝わったこのヴィニフェラ種は、中国国内で長い間南方には広がらなかったという。これは、南方の湿度の高いエリアにヴィニフェラ種を植えると、変質して東アジア原種の蘡薁（えびづる）になってしまうからだと『本草綱目』（1575）に記録されている。

なお、古代ペルシアの一部であったフェルガナの言葉で、ブドウは「budaw」ブーダウである。この発音に中国では主に「蒲陶」の文字を当てた。日本では、江戸時代までは「蒲陶、蒲桃」と表記することが多かったが、明治以降は主に「葡萄」の文字を用いている。

図3 　中国莫高窟（ばっこうくつ）の壁画（618-712 頃、Wikimedia Commons）
西方遠征隊を見送る武帝、左端でひざまずくのは遠征隊長の張騫。

2.4 　甲州ブドウのDNA解析

　甲州ブドウは、ヴィニフェラ種の割合が 71.5%、残りは中国の東アジア原種の刺（と
げ）ブドウ（ダヴィディ種）である。これは、平成 25 年（2013）11 月、独立行政
法人酒類総合研究所が公表した甲州ブドウのDNA解析である。

　ブドウの葉緑体DNAの配列を調べたところ、甲州はヴィニフェラ種とは異なる母方

図4 　刺ブドウ（上）と甲州ブドウ（下）のトゲの様子

の先祖を持ち、これが中国野生種のダヴィディ種に最も近いことが明らかとなった。甲州には新梢の付根の枝に小さなトゲがあり、これは刺ブドウ譲りだったのである。

これにより、「南コーカサスからシルクロードを通り、中国から伝播した」とされていた甲州ブドウの伝来が、科学的に裏づけられた。

2.5 　甲州ブドウの誕生と日本伝来

東アジア原種のブドウは、中国北方に自生する寒さに強いアムレンシス種、南方の湿度に強いダヴィディ種、日本のヤマブドウ（コワニティ種）など約40種類が確認されており、それぞれの適地の山林で自生していた。

甲州ブドウは、このうち湖南省、江西省、福建省など中国南方に自生する刺ブドウ（ダヴィディ種）と自然交配して誕生した。想像するに、山に自生していた刺ブドウの近くに、渡り鳥など何らかの移動手段を使ってたどり着いたヴィニフェラ種が、雌雄異株だった刺ブドウと交配を繰り返してできたのが雌雄同株となった刺ブドウ、つまり甲州ブドウの祖先である。

甲州ブドウのヴィニフェラ種71.5%という割合の数字は、数世代の交配で生まれることはできず、単純に計算しても凡そ8世代以上にわたる交配が必要である。それも自然交配だと数百年の時間がかかることが推測され、甲州ブドウは中国の南方でじっとその誕生のチャンスを伺っていたと考えられる。

1985年、江西農業大学の趙教授は、江西省玉山県のブドウの80%が、ダヴィディ種が栽培化されてできたクローンの子孫だと発見。これが世界で最初に報告された雌雄同株のダヴィディ種だった。このブドウの栽培は、玉山県の塘尾（Tangwei）村で行われてきたので、趙教授はこれをタンウェイブドウと名付けた。玉山県農業局の話によると、このブドウの栽培歴史は約200年とのことである。

一方、湖南省懐化市の年代記からは、現地の人が刺ブドウを山から採取し栽培化したのは、14世紀後半の明の時代に遡ると伝えられている。このとき、たまたま山林で誕生していた甲州ブドウも村人に発見され、里で育てられたのである。今は、この奇跡に感謝せずにはいられない。

このことから、甲州ブドウがヴィニフェラ種特有である「種子ができやすく、枝で持ち運びできる」ようになったのは、15世紀以降で、甲州ブドウが日本に持ち込まれた

のは、室町後期の 15 世紀から 16 世紀にかけてということになる。

　この時代、日明貿易が行われて、その交易の中でいくつかのブドウが持ち込まれ、その中に甲州ブドウがあったのだと考えるのが最も自然である。こうして、甲州ブドウは刺ブドウの亜種として誕生し、中国から日本に持ち込まれたのであった。

3 | 日本のブドウとワインの歴史

3.1 | 古代

　現存する文献で、最初にブドウが登場したのは古事記（712）である。イザナギノミコトが黄泉の国から逃げ帰ったときのこと。「黒御鬘（くろみかづら）を取りて投げ棄ちたまひしかば蒲子（えびかづらのみ）生りき。こを撮ひ食む間に逃げ」。つまり、「カツラを投げてエビカヅラ（ヤマブドウ）が生った。敵がこれを拾って食べている隙に逃げた」という神話である。カツラを投げてカヅラになったのは駄洒落かもしれないと思うと古代の人もシャレていたなと笑ってしまう。もちろんこのブドウは東アジア原産の野生ブドウといえる。

　日本書紀（720）にもこの神話が紹介されているが、蒲子ではなく中国で使われていた文字の「蒲陶」となっている。

3.2 | 奈良時代（710-794）

　奈良時代には、中国から持ち込まれたいくつかの本草書（ほんそうしょ）（薬学書）にブドウの記述がある。また、ペルシアから伝わった葡萄唐草文様も出現し、この頃にヴィニフェラ種が中国から伝わった可能性は否定できないが、この頃はモモの記録はあるがブドウは見当たらない。鑑真が日本の京に到着したとき（754）も、シルクロード商人のソグド人も同行して様々なモノが持ち込まれたが、ブドウの記録はない。

3.3 | 平安時代（794-1192）

　平安時代になると大陸への対抗意識が増し、渡航制限をするなどナショナリズムが台頭。ブドウ唐草文様もパタッとなくなった。こんななか、日本で書かれた最古の本草

書『本草和名』（918）にブドウの和名は初めて登場する。

蒲陶は於保衣比加都良（オオエビカヅラ）、山蒲陶は衣比加都良（エビカヅラ）。

この蒲陶がヴィニフェラ種の可能性はあるが、時代から言って甲州ブドウではないと考えられる。於保（オオ）は山ブドウより大きいという意味か。ただ、果物の献上品が多数記録されている『延喜式』（967）にブドウの記述はなく、栽培が始まったのは記録が残る室町後期以降といえる。

図5　『本草和名』（国立国会図書館所蔵）ヤマブドウ（分類としては草類）とは別に、果樹類としてブドウの和名が紹介されている。

3.4　鎌倉時代（1192-1333）

鎌倉初期の密教の図像集『覚禅鈔（かくぜんしょう）』には、仁和寺薬師像の直前に、伝聞として右手にブドウを持つ薬師像を紹介している。

勝沼の大善寺にある薬師如来は、明治38年（1905）、重要文化財に登録されたときにはブドウを持っていなかった。しかし、昭和5年（1930）の改修時に『覚禅鈔』を参考にして右手にブドウを持たせたという。その後、勝沼町誌（1962）で指摘されて長い間ブドウはもっていなかったが、現在は2013年の御開帳の時以来、薬壺（やっこ）の代わりに左手にブドウを乗せている。

3.5 ｜ 室町（1336-1573）～安土桃山（1573-1603）時代

　日本最古の農書といわれる『清良記（せいりょうき）』（1564）には、モモなどは記載されているがブドウはない。また「果実の種類は多いが、記載以外の果実は農家には不必要」としている。

　一方、この時代禅宗文化が花開き、中国の水墨画が伝わって「ブドウ」や「ブドウとリス」の画も好んで描かれるようになった。なかでも、雪舟の孫弟子といわれる日光山の元賀（げんが）が 16 世紀の初めに描いたブドウ絵には枝にトゲが描かれており、これが日本に中国から伝わった刺ブドウあるいは甲州ブドウだと考えられる。

　ポルトガルの宣教師ルイス・フロイスの記録には、1565 年ヴィレラ神父がポルトガルの修道院に宛てた手紙の記録があり、この時代、日本ではまだブドウ栽培が行われていなかったことが裏付けられる。

　「酒は葡萄ではなく米から造り、みんながこれを飲んでいる。野生の葡萄はたくさんあって甚だ良い。蔦の葡萄は少なくて、これを食べなかったが、今これを持っているものは、食用に供し始めている。おいおい葡萄園や葡萄酒も造るようになるだろうが、

図6 ｜ 日光山の元賀が 16 世紀に描いたブドウ絵（山口県立美術館所蔵）
ブドウの枝にトゲが描かれており甲州ブドウと考えられる。

まだそれはしていない」

　16世紀後半の桃山時代には狩野派が屏風に葡萄棚図を描いており、勝沼町誌では、1592年の勝沼の坂本家古文書として「ブドウ畑1町8反3畝18歩」を紹介している。

　これらのことから、日本に伝わった甲州などヴィニフェラ種ブドウの栽培が進んだのは、室町後期以降からであり、信長や秀吉の検地によってその状況が明らかになってきたと考えられる。

3.6 ┃ 江戸時代（1603-1868）

　江戸時代になると、ブドウとワインの記録が多数残されている。明治14年（1881）に出版された福羽逸人の『甲州葡萄栽培法上』には、1601年の家康検地に「葡萄樹164本」の記録があるとしているが、該当する検地帳は現存せず確認できない。

　松江重頼の俳書『毛吹草』（1645）に、五畿七道の名産として「山城・嵯峨の葡萄」が紹介されている。

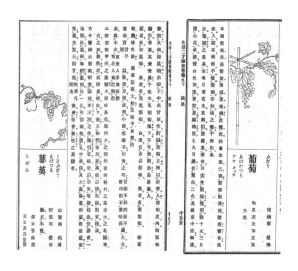

図7　『和漢三才図会』（国立国会図書館所蔵）ブドウには、馬乳葡萄、水晶葡萄、紫葡萄、緑葡萄など6種があること。中国の張騫が西国から伝えたことも紹介している。大阪で出版。

『甲斐国志』によると柳沢吉保の時代に甲府に樹木屋敷があり、1680年には樹木畑でブドウが栽培され、幕府などの御用に供した残りのブドウが、入札で住民に払い出されていた記録がある。

人見必大の『本朝食鑑（ほんちょうしょっかん）』（1697）には次のように記録されている。「昔は葡萄を賞味していなかった。『延喜式』にも載っていない。『和名類聚抄』（931）にも詳しくない。近頃賞味するようになったのだろう。甲州が最も多く駿州がこれに次ぐ。共に冬を越して江戸の市場で販売している。武州八王子でも多く出荷している。京都及び洛外では八、九月にだけ出荷している。西国でも同じである」。

宮崎安貞の『農業全書』（1697）には、「葡萄もいろいろある。水晶葡萄は白くすきわたって特に味も良い。また紫白黒の三色、大小、甘き酸（す）きもある」として、さし木・取木の方法、保存方法、乾（ほし）ブドウの製法などが記載されている。

1712年に完成した『和漢三才図会』には、ブドウとヤマブドウの記載が図入りである。また、「葡萄は甲斐産が粒大きくて味も大変よい。駿河のものがこれに次ぐ。

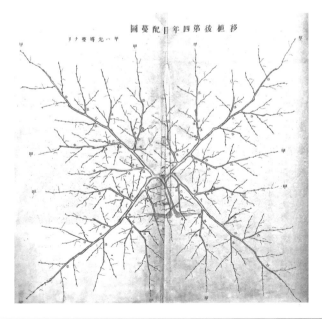

図8　『甲州葡萄栽培法上』明治12年に福羽逸人が調査した勝沼上岩崎の雨宮作左衛門の葡萄栽培法。4年目の蔓の伸ばし方で、江戸時代、甲斐のブドウ作りの素晴らしさが推測できるX字の仕立て方。

河内の富田林村の産もこれに次ぐ」とある。

このように、江戸時代には各地で数種類のブドウが栽培されていたが、なかでも甲州のブドウは一目置かれていたといえる。

3.7 | 明治時代のワインの歴史

3.7.1　日本のワイン造りの始まり

横浜が開港（1859）されると、年間約200万本のワインが主にフランスから輸入されて、街には酔っぱらいの水兵が溢れ、異人館では西洋の獣料理にも赤ワインが使われていた。

日本の本格的なワイン造りは、このような幕末、甲府の山田宥教に始まる。山田は甲府市広庭町（現武田3丁目）にあった大翁院（だいおういん）という真言宗の寺院の法印である。

横浜の様子に刺激を受けた山田は、寺の周辺の山に自生していたヤマブドウを使い、明治になる以前から自分の寺で試醸を進めていた。そして、明治3年頃にワインとしての形が見えてきたため、八日町で造り酒屋を営む信者の詫間憲久と共同し商品化を目論んだ。

試行錯誤の後、明治7年には山田と詫間は日本初の葡萄酒会社を作り、藤村知事あてにブドウ酒醸造の免許の申請を行っている。秋には、詫間の酒蔵で甲州ワイン860リットル、山ブドウの赤ワイン1800リットルが生産され、翌年1月に約4千本のワインが日本橋や甲府で売り出された。

甲府新聞の記者はこのうち1本を買い求め、明治8年2月10日の新聞には詳細なワイン製造方法が公表され、これが東京の新聞にも掲載されている。また、同年9月の読売新聞には、外国からの輸入を減らすため「酒も日本酒、甲州製の葡萄酒か麦酒を飲もう」との記事も掲載されている。

ちょうどこの直前、後に県令となる熊本出身の藤村紫朗が山梨県に赴任。「勧業授産の方法」を明治6年3月に大蔵省に具申した。「ブドウをそのまま売るのではなくワインにして外国人に売ると利益は数倍となる。この製法も興隆する」と。

藤村はこの計画に基づき甲府城跡にブドウ園など勧業試験場の整備を進め、明治

図9 ｜ 横浜の異人館の調理場『横浜文庫』（国立国会図書館所蔵）赤ワインが料理にも使われている様子がうかがえる。

図10 ｜ 山田宥教が建立した歴代大翁院法印記念碑（甲府市教昌寺）

9年6月に開業。県内学生向けに農業伝習所を設けている。また、明治8年から約4年間ドイツのガイゼンハイム・ブドウ酒学校に留学していた桂二郎に約2千円の留学資金を貸し付け、明治12年の帰国後はこの勧業試験場で働くように手を打った。ちなみに、二郎は総理大臣桂太郎の弟である。

このような明治初期のワイン造りの動きは、明治8年創業の青森県弘前の藤田醸造場など、島根県、長野県、滋賀県、福井県にもあった。

国では、当初は殖産興業政策をとり、ワインの国産化を支援していた。明治3年から開拓使が東京、北海道でブドウの試験園を開設し海外から苗を輸入。明治5年大蔵省が内藤新宿試験場を開設し、翌年これを引き継いだ内務省は明治6年のウィーン万博で得たブドウ栽培とワイン醸造の技術を導入、明治8年にこの技術を『ドイツ農事図解』として発行している。

その後、明治9年札幌葡萄酒醸造所、明治10年三田育種場、明治14年には欧州ブドウでのワイン造りを目指し、兵庫県に播州（ばんしゅう）葡萄園を相次いで開設している。

3.7.2　第一回内国勧業博覧会にワインを出品

明治9年2月、内務卿の大久保利通は、翌年2月に内国勧業博覧会を開催する旨の建議を申し立てた。

その頃、藤村は県で葡萄酒醸造所を設置することを考えていたが、博覧会までに建設してワインを出品するには時間がなかった。そこで、山田と詫間が造っていたワインを利用し出品することにして、金融会社の公益社を設立していた栗原信近（山梨中央銀行初代頭取）に命じ、津田仙の指導を仰ぐこととした。

津田は、佐倉藩出身で江戸幕府の通訳だった。明治6年のウィーン万博ではオランダ人農学者に師事、帰国後は東京で学農社を創設して農学教育を行うとともに、苗木会社も経営していた。

津田は、内務省内藤新宿試験場に勤務していた千葉県で同郷の大藤（おおとう）松五郎を明治9年6月に甲府に送り込んでワイン造りの現状を把握させ、山田と詫間が藤村県令に陳情する形で先ずは不足する醸造器機を整備させた。

大藤は、幕末に職を失った会津藩士の移民のため、明治2年に渡米。スイス人ワ

イン醸造家などとカリフォルニアで若松コロニー建設に取り組み、以後8年間ワインに携わって明治9年1月に帰国し、内務省の内藤新宿試験場でトマト缶詰を試験製造していた人物である。これが、日本の缶詰の発祥といわれている。

大藤は6月に引き続き9月にも来県して、詫間のワイン造りを指導しながら県立葡萄酒醸造所を建設した。そして、藤村の思惑どおり博覧会直前の7月に県立醸造所はオープンし、山田と詫間のワイン造りを吸収していった。

博覧会は明治10年8月に上野公園で開幕し、県庁勧業場の名前で詫間のワインから造ったブランデー13点が出された。また、詫間の名前で、ブドウ酒、苦味ブドウ酒、スイートワイン、ブランデーが出品され銀賞を獲得している。

大藤の最も大きな功績は、二酸化硫黄を用いた甘口ワインの醸造方法を日本に伝えたことにあった。甘口ワイン醸造の課題は、ワインの中に糖分が残っているため再発酵や微生物汚染が進むこと。大藤は、発酵樽の中で硫黄を燃やして生じた二酸化硫黄を、果汁に溶け込ませながら醸造を行うことでこれを防いだ。これが明治のワインの品質を大きく高めた。

さらに、明治10年に醸造した山梨県立葡萄酒醸造所のブドウ酒が、翌明治11年のパリ万博に出品され、甲州ブドウから造った白ワインが名誉賞状を受賞している。この県立醸造所では、明治10年には28,896瓶（約115石）、明治11年には30,784瓶（約123石）のワインの生産が確認でき、そのほとんどが売り切れたという。

図11　甲府城跡の山梨県立葡萄酒醸造所（山梨県立図書館所蔵）大藤松五郎が責任者となって9棟が建設された。

図12 | 明治10年頃に醸造された山梨県立葡萄酒醸造所の甲州ワインのラベル（東京大学田中芳男・博物学コレクション『捃拾帖（くんしゅうじょう）』）明治11年のパリ万博に出品され名誉賞状を受賞した。

3.7.3　クラレットのような赤ワインを

　この勧業博覧会に出品されたワインは、主催した大久保利通や内務省の前田正名（まさな）の目に留まった。おりしも前田は、フランスから100種類ものブドウ苗を持ち帰り、場長として東京に三田育種場を整備していたところであった。

　前田は、赤ワインの出品がないことを不満に思った。前田が記したと伝えられる「三田育種場着手方法」では、育種場設置の目的の一つに「ぼーるどわいん」（ボルドーワイン、赤ワイン）があったからである。

　このとき、前田はパリ万博（1878）への渡航に合わせ、三田育種場で栽培を担当する内山平八を同行させ、種苗商バルテ（トロワ）、ビルモラン（パリ）などの元でブドウ栽培法を身に着けさせようとしていた。

　このため、山梨からも実習生を出すよう急きょ藤村に依頼したのである。出発を10月に控え時間は一月しかなかった。

　そこで藤村は、内務省から招聘していた城山静一に、研修生の人選と資金調達を命じた。この時選定されたのが、祝村の高野正誠（まさなり）と土屋龍憲（りゅうけん）であった。正誠は、「明治初年、醸造練習生として県の選抜を受け、仏国に

留学した」との記述を残している。

　城山は、二人の研修費3千円を目途に資金調達に奔走し、約2千円を県内各地の経済人から集めて祝村に会社を興し、不足する1千円は県が貸し付けることとした。二人の帰国から1年半後、明治14年1月に大日本山梨葡萄酒会社が資本金約1万4千円で設立され、その資金から事前に集められた研修費の3千円が返還されている。

　明治10年10月10日、前田に連れられ、内山とともに横浜港を出発した正誠と龍憲だが、この研修にあたって県の城山から課された課題はただ一つ。カラリットを造れるような技術を身に着けて帰ってくることだった。

　カラリットとはクラレットのことで、ボルドー赤ワインの英語での愛称。つまり、内国勧業博覧会に出品されなかった赤ワインを醸造することが研修の目的だったのである。

　二人が帰国したのは明治12年5月、出発から1年7カ月後だった。赤ワインのクラレットの意味が分からなかったこと、最後まで言葉の壁が厚かった苦労などが二人の記録に残されている。

　しかし、二人が帰国しワインを造り始めた頃から、国の勧業政策が大きく変化し始める。明治11年に大久保利通が暗殺され、明治14年に大隈重信が失脚。松方正義が大蔵卿となると緊縮財政を進め明治19年までに勧業施設を次々と払い下げ、国はワインの国産化から手を引いていったのであった。

3.7.4　ブドウ栽培とワイナリーの建設

　桂二郎を師と仰ぐ祝村の高野積成（さねしげ）の日記によると、二郎は約4年間のドイツワイン留学の後、明治12年に山梨県の勧業試験場に着任している。そこで、大藤松五郎と共に長野、東京、長崎、高知など全国から研修生を受け入れ、ワイン醸造とブドウ栽培の実践指導を行った。

　明治14年4月、山梨県から内務省に引き抜かれた二郎は、農商務省の技官として全国のブドウ栽培の指導と、兵庫県にある播州葡萄園のワイン醸造に従事し、明治16年末には、札幌葡萄酒醸造所へと赴任を命ぜられる。

　高野積成は祝村のブドウ専門家。二人の青年のフランス研修には進んで出資し、明治11年にはいち早く赤ワイン用のアジロンダック等を導入している。また興業社を興

し、津田仙や小沢善平ら400名と西洋ブドウ栽培を進めた人物である。

　明治14年を最後に、祝村の大日本山梨葡萄酒会社の本格的なワイン造りが途絶えたため、明治15年、積成は祝村戸長の雨宮彦兵衛と共に、栃木の野州（やしゅう）葡萄酒会社設立発起人となった。翌年一家で移住し17haの開拓に携わる。このとき、土屋龍憲も一緒に祝村を離れている。

　ワイン用のブドウ栽培は、明治13年以降急激に増加し、明治16年からの3年間は全国でブームとなった。明治18年の全国の西洋ブドウ栽培家は945人。このうち愛知県は262人でブドウ樹の本数も33万本に達し、全国67万本の半数を占めていた。山梨県はブドウ栽培がだいぶ遅れ、明治38年の時点で、西洋ブドウ7万本（1447t）、甲州ブドウ1万本（250t）という状況だった。

　愛知県知多郡小鈴ヶ谷（こすがや）村で造り酒屋を営んできた第11代の盛田久左衛門は、明治13年、山林20haの払い下げを受けて開墾を始め、翌年春には桂二郎や大藤松五郎の指導を仰ぎ欧州ブドウを植えた。また、三田育種場の内山平八らとも交流を持ち、畑は50haまで拡げられ、明治18年には大藤にワイナリー建設の指導も受けている。この盛田家はソニーを創業した故盛田昭夫氏の実家であり、盛田葡萄園は現在勝沼にある盛田甲州ワイナリーに引き継がれている。

　明治20年代、国が国産ワインから離れても、高野正誠の富士山麓峡中地域の1616.6haの一大ブドウ園開設構想、高野積成の箱根仙石原などの大規模開拓、土屋龍憲も明治28年に勝沼休息で大規模な開拓を進めている。

　これらに呼応し新潟の川上善兵衛は龍憲や積成にブドウとワイン造りを学び、岩の原葡萄園20haを開拓、明治28年には石蔵醸造場も建設した。また、小澤善平も妙義山麓で50haの開拓を始め、明治31年には、香竄（こうざん）葡萄酒で成功した神谷伝兵衛が牛久で23haを開墾、フランス型シャトーを建設した。

　山梨でも宮崎光太郎の大黒天印甲斐産葡萄酒や龍憲のマルキ葡萄酒が生まれ、さらには明治期最大だった高野積成創設の甲州葡萄酒株式会社（明治30年：現サドヤ醸造場）が設立された。

　そして、明治32年には積成によってワイン愛飲運動も始まった。

　明治43年、東京の小山新助は山梨の登美村（現甲斐市）の官有地150haの払い下げを受け、ここを開拓して大正2年には大日本葡萄酒株式会社が発足。桂二

郎の仲介でドイツ人技師のハムが欧州ブドウへの改植を進めたが、次第に農場は荒廃していった。

　明治期が終わって大正3年には、全国の醸造場は427場となり、460キロリットルのワインが製造されるようになった。このうち山梨は約6割を占めていた。この製造量は、現在の日本ワイン出荷量1万6500キロリットルの約3％である。

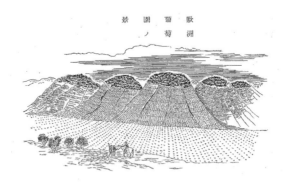

図13｜欧州葡萄園の景『葡萄栽培新書』桂二郎（国立国会図書館所蔵）
山裾までブドウ畑を開拓することを目的とした様子が見て取れる。

図14｜明治期最大のワイン会社「甲州葡萄酒株式会社」の広告。『山梨時報明治34年』（山梨県立図書館所蔵）本社は甲府で、甲府や祝村など県内に4カ所の醸造所、東京・大阪に支社があった。

3.7.5　立ちはだかったフィロキセラ

桂二郎は全国の欧州ブドウ栽培の先頭に立ったが、行く手を阻止したのはうどん粉病やベト病、そして何と言ってもブドウ根油虫のフィロキセラだった。

明治15年に二郎が出版した『葡萄栽培新書』には、フィロキセラが寄生するとその木は5年で枯死し、木を焼却するしかないと指摘。苗木の輸入時に最大限の注意を払うべきだとしていた。

しかし、明治18年5月14日、三田育種場でフィロキセラが発見される。この時、三田では30万本の木を焼却したが、その後、播州葡萄園や520haの欧州ブドウ畑を目指していた盛田葡萄園も、フィロキセラにより全滅していった。

このため、明治期の西洋ブドウ栽培は、比較的病気やフィロキセラに強い米国品種が主流となっていった。

播州葡萄園の責任者であった福羽逸人は、欧州研修から戻り明治29年に『果樹栽培全書』を出版。抵抗性がある米国種の台木に欧州種の穂木を接ぎ木する予防法を紹介している。

山梨では、明治43年にフィロキセラの被害が確認された。このため県では、大正2年に抵抗性台木を輸入し県下各地に配付した。しかし、10年後の大正12年には被害面積は発生時の10倍の450haに拡大。成木（せいぼく）ブドウの植え換えは困難を極めたが、先人の苦労で順次フィロキセラに抵抗性がある接ぎ木苗への改植が進められていき、昭和30年度の県の病害虫発生予察事業年報には、山梨県内における被害の記録はなくなった。

図 15 ｜ フィロキセラ『葡萄栽培新書』（国立国会図書館所蔵）フィロキセラは
フランスのブドウ畑もほぼ全滅させた。

3.7.6　甘味（かんみ）ブドウ酒と共に生き残る

　「ワインで国家を潤す」意欲で挑戦を続けた明治の開拓者達だったが、日清戦争
（1894-1895）日露戦争（1904-1905）の特需以外、ワインはその地位を確立すること
はできなかった。主に消費者にワインの酸味が受け入れられなかったためである。

　そんななか明治14年に神谷伝兵衛が開発した甘味ブドウ酒は、大きな成功をもた
らした。この甘味ブドウ酒は、明治19年に蜂印香竄葡萄酒として商標登録され、販
売を担当した近藤利兵衛の絶妙な宣伝によって売り上げを大きく拡大していった。

　明治18年の読売新聞に香竄葡萄酒の製法が「鉄と機那（きな）とを配合した物
なり」と紹介されている。機那とは南米原産の木で、樹皮はマラリアの特効薬や胃腸
薬として用いられる。つまり、香竄葡萄酒とは甘口に仕立てられた薬用ワインだったの
である。

　この甘味ブドウ酒の出現を通し、日本ではワインは食卓から離れ薬市場に収まって
いった。そして、香竄葡萄酒から明治40年の赤玉ポートワイン（現サントリー赤玉スイー
トワイン）までの間、甲斐産商店のエビ葡萄酒、マルキ葡萄酒のサフラン葡萄酒など
多くの甘味ブドウ酒が市場を拡大していった。

　広告では、「甘いので女性や子供も飲める」、「朝晩一杯ずつ」という文字も見られ、健康のための薬として宣伝された。酒の自家醸造の禁止が明治 32 年、未成年の飲酒禁止が大正 11 年という時代のことであった。

　そして甘味ブドウ酒が人気になればなるほど、国産ワインは甘味ブドウ酒の原材料として組み込まれていった。

図 16 ｜ 赤玉ポートワインのポスター（Wikimedia Commons）

3.8 ｜ 大正〜昭和のワインの歴史

　赤玉ポートワインが発売され甘味ブドウ酒はさらに市場を拡大し、大正 7 年にはワイン市場における甘味ブドウ酒のシェアは 8 割にもなった。

3.8.1　川上善兵衛の偉業

　このような状況でも、日本のワインとブドウの父と呼ばれる新潟の川上善兵衛は、明治 23 年から 30 年にわたり、国内外のブドウ約 500 種を入手し栽培試験を続けてきた。しかし、品質が高く新潟で量産できる品種が見つからないため、大正 11 年 53 歳の時に品種交配に取り組むことを決意。以降 1 万 311 回の交配を行った。

この善兵衛を助けたのが寿屋（現サントリー）創業者の鳥井信治郎である。次第に軍国主義に傾き、甘味ブドウ酒の原料になる外国ワインの調達が困難になってきたことも一つの要因であった。

後にマスカット・ベーリーAと名付けられる交雑番号3986（サンキュウパーロク）は、昭和2年から交配を始め昭和6年に結実、その後その種を育てて誕生した。母はアメリカ種のベーリー、父は欧州種のマスカット・ハンブルグ。善兵衛は坂口東大教授とワインにした時の官能試験を行い、昭和15年にマスカット・ベーリーAやブラック・クイーンなど22品種を公表した。

信治郎は昭和11年に登美村の荒廃したブドウ園150haを取得し、寿屋山梨農場（現登美の丘ワイナリー）として、善兵衛の交配品種を植えた。

3.8.2　ワインは軍事物資

ワインの酒石酸からは音波を捉えるロッシェル塩が製造され、潜水艦探知機で利用される。昭和17年のミッドウエー海戦の敗戦後、潜水艦探知機を作るため海軍は全国に酒石の採取を働きかけ、酒石は甲府のサドヤ醸造場に集められた。勝沼では、海軍から資金を得て日本連抽社を設立しロッシェル塩を製造した。ここは現在のメルシャン勝沼ワイナリーとなっている。

このため、昭和9年のワイン製造量2,450キロリットルが、昭和20年には34,200キロリットルと10年余りで14倍となった。

敗戦後の昭和26年になると、全国の生産量は6,191キロリットルとなり日本のワイン造りの再スタートが切られた。課題は、原料ブドウの確保とワインの品質向上であった。

3.8.3　原料ブドウの確保と品質向上、信頼回復

昭和5年、ワインの品質向上のため山梨県醸造研究所が開設され、葡萄酒品評会が開催された。敗戦後の昭和22年、山梨工業専門学校（現山梨大学）に発酵研究所が設置され、昭和24年には、県や国税庁と共同して、腐敗ワイン一掃のため県内204場に立ち入り検査を行った。結果、実に4割が傷んだワインであった。

昭和34年になると、当時の山梨県のブドウ畑の面積は13,000ha（甲州12%、デラウェア34%、キャンベル28%、コンコード・ナイアガラ12%）で、このうち80%は生

食用として市場に出荷されていた。出荷できない残りが醸造用に回されていた状況で、毎年4,000〜5,000キロリットルのワインを造っていた。

この年、台風の影響で多くの被害果が発生しデラウェアを3,675t引き受けたが、9月末の伊勢湾台風で甲州の被害果も約6,000tとなり、傷んだブドウは例年の倍の量になった。結果、前年に比べ仕込み量は2,000キロリットル増えた。

余ったブドウは捨てられる運命となるため、ワイナリーの前にはブドウ生産者が座り込んで引き取りを懇願する状況。しかも、持ち込まれるブドウは被害果であり糖度が10度くらいであった。前年、ワイナリーは各地の生産者に懇願してブドウを集めていた状況から一変した。

なお、この時期、果汁への補糖は糖度26%まで認められており、アルコール度14%を超すワインがしばしば造られていた。

ワインの消費量が増えるに従い、原料ブドウの需要も増加。昭和36年5月、県、果実販売連合会、果実酒酒造組合による原料ぶどう需給安定調整協議会が設立。平成6年に廃止されるまで原料ブドウの需給調整を行った。

ワインの消費が本格的に拡大したのは、昭和39年の東京オリンピックの頃からで、昭和45年の大阪万博で洋食文化が浸透し、昭和50年にはワインが甘味ブドウ酒の消費量を上回った。

その後、日本のワイン消費は、新酒ワインブーム、赤ワインブームなどいくつかのブームで消費量がぐっと伸びた後に落ち着き、階段を上るように成長してきた。

そんななか、昭和60年、オーストリアの貴腐ワインに入っていたジエチレングリコール（不凍液）が山梨県産のワインから発見され、国産ワインに輸入ワインが混入していることが明らかとなった。業界は信頼回復に向け、翌年、北海道、山形、山梨、長野の各ワイン組合と日本ワイナリー協会により「国産ワインの表示に関する基準」が策定され施行された。

平成6年には、輸入ワインの消費量が国産を上回り、平成7年の第8回世界最優秀ソムリエコンクールでは田崎真也氏が優勝、日本にワインが定着していく立役者となった。

4 | 山梨ワインの現状と課題

4.1 | 欧州ブドウ畑の拡大

　明治期にフィロキセラで挫折した欧州ブドウ栽培への再挑戦は、昭和11年（1936）に甲府のサドヤ農場で始まり、1950年代にサントリー登美の丘で本格化する。そして、1970年代には北海道鶴沼、山形県上山、長野県桔梗ヶ原などで進められ、平成に入ると全国に広がってきた。

　平成元年、丸藤葡萄酒は勝沼の平地で欧州ブドウ栽培を始め、プティ・ベルドーで造られた赤ワインは日本ワインコンクールで何度も日本一に選ばれた。また、中央葡萄酒は平成14年に北杜市に12haの畑を開拓。シャルドネで造られたスパークリングワインは、平成28年、ロンドンのコンクールでアジア初のプラチナ賞を獲得し、世界トップ10のワインに選ばれた。

　世界的に排他的な競争力を持つ地理的表示（GI）が可能なワイン産地として、平成25年に山梨、平成30年に北海道、令和3年には山形、長野、大阪が国税庁長官から指定された。

　平成27年には、国税庁がブドウの産地や品種などの「製法品質表示基準」を定め、平成30年に施行。ジエチレングリコール事件から30年が経過し、ようやく日本ワインの定義が定められた。その地域のブドウをその地域で醸造しなければ、原則として地名ワインを名乗ることができなくなり、国内でのブドウ畑の拡大やワイナリーの建設が加速し始めた。加えて、地方創生の動きに伴い個人や企業の参入も進み、ほぼ全ての都道府県でワイナリーが開設されている。

　ただ、現在の日本ワインの出荷量は約16,500キロリットル（2021）で、輸入ワイン、海外原料ワインを含めた全流通量の5%に過ぎない。

　また、近年、サステナブルな社会を実現する流れのなかでいくつかの課題が表面化している。気候風土に合わない欧州ブドウ品種の選択、糖度を高めるためにブドウの木を切り刻むなどのストレスを与え寿命を短くすること、そのことによって病害虫に弱くなった欧州ブドウ品種を多くの農薬を使って栽培すること、またそれら人為的な積み重ねで品質の高いワインを醸造することの価値が問われ始めている。

　化学合成された農薬の不使用、ボルドー液などの減農薬、ブドウ畑でのビニールの不使用、無理な剪定をしないことなど、世界のワイン造りの潮流が日本、山梨にも押し寄せてきている。

図 17 ｜ 明治 11 年頃のサドヤ農場の開拓（サドヤ醸造場所蔵）

図 18 ｜ 1989 年丸藤葡萄酒工業（1890 年創業）の垣根式欧州ブドウ畑の開拓

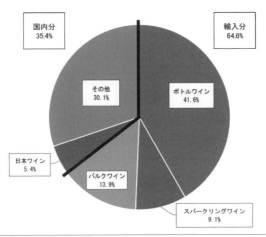

図19 国内市場におけるワイン流通量構成比 2021（国税庁）

4.2 甲州ワインの再評価と輸出

一方、甲州ワインは、新酒ワインブーム時（1987）には 10,000 キロリットルの生産があったが、平成 15 年（2003）には 2,000 キロリットルにまで落ち込んでいた。

平成 13 年（2001）、グルメ漫画の草分け『美味しんぼ』は、和食と甲州ワインとの相性の良さを7週連続で取り上げた。ここから甲州ワインは和食との相性でマーケットを開拓する戦略が可能となった。

その後、メルシャンの研究所で科学的な分析もされ、ワインの鉄分と魚の酸化脂質が混ざり合うことで、生臭み成分が生じることが分かった。甲州ワインは繊細で鉄分が少ないため、和食や生魚との相性が良かったのである。

『美味しんぼ』から 10 年、ボルドー大学のデュブルデュー教授らの指導により更に品質を高めた甲州ワインは、日本オリジナルのワイン用品種、和食に合う唯一のワインという謳い文句で 2010 年1月、ついにロンドン進出を果たした。

ロンドンがワインの世界で最も重要なマーケットと言われているのは、世界に 300 名ほどしかいないワインのスペシャリスト「マスター・オブ・ワイン」の本拠地であり、彼らを中心に世界のワイン情報の約7割がロンドンから発信されているからだ。ここでワインが評価されることが真の世界進出といえるのである。

ロンドンプロモーションでは、世界的に著名なワインジャーナリストのジャンシス・ロビ

ンソン女史が、甲州ワインを次のように評価してくれた。

　「世界の食は健康をテーマに、これまでの重い料理からヘルシーな料理へと主流が移っている。和食はもちろん、フレンチもイタリアンも健康志向の流れに沿って素材重視へと変化している。それに伴ってワインも、重い赤ワインから軽いタッチの白ワインの需要が高まっている。甲州は白ワインの中で最も軽やかで繊細であり、今の食の流れとマッチする。10 年前だったら受け入れられなかったが、今こそ甲州ワインは世界で必要とされている」

　補糖制限など厳しいEU基準でワインを醸造して品質を高めた甲州ワインは、2012年には、山梨の9社のワイナリーとロンドンのインポーターとの契約が成立して、本格的な輸出に向かって現在も年を重ねている。

　今ではロンドンのコンクールでプラチナ賞や金賞を獲得するまでになり、香港など東アジアへの輸出も拡大している。このことが、国内の甲州ワインのブランド価値をより一層高めて、ブドウ価格や集客力の向上に反映され、農家やレストラン、宿泊などを含めたワイン関連産業全体が活性化されていく。

　現在の甲州ワインの生産量は 3,000 キロリットル〜 4,000 キロリットルとなり、日本ワインの約 15% を占めている。ただし、山梨のブドウ農家は、高齢化と高価格の生食用ブドウへの転換が進み、ワイナリーと農家の契約栽培が拡大するにしても、今後 10年のうちには甲州ブドウのひっ迫が予想される。

図 20 　『美味しんぼ』©雁屋哲・花咲アキラ・小学館　甲州ワインが和食との相性がいいことを取り上げた。

図21│2010年 KOJ 第1回ロンドンプロモーション

4.3 │ 消費者に近づくワイナリーとワイン

　平成15年（2003）、日本ワインコンクールが創設される。日本ワインの品質を消費者にPRする初めての取り組みであった。

　ワイナリーにおいても、2000年前後から有料試飲、テイスティング会、ワイナリーツアーなどワインファンを育てる体制が整い始め、メディアやSNSで情報が拡散していった。これが平成20年（2008）にスタートしたワインツーリズム山梨につながり、今では北海道、岩手、山形、長野など全国に広がっている。

　また、勝沼醸造、ルミエールなどでは本格的なレストランを併設し、山梨に訪れたワインファンを一層楽しませている。

　この間、日本ワインを愛する会など消費者が日本ワインを支える仕組みも出来始めた。そして、平成30年（2018）にワイナリー自体の品質を評価する日本ワイナリーアワードの創設、令和元年（2019）には山梨県がワイン県宣言をするなど、消費者との距離が一段と縮まっている。

　その流れのなか、世界でオーガニックワインやナチュラルワインが注目されている。ロワールの生産組合とINAO（フランス原産地呼称委員会）で合意したナチュラルワインの基準は、オーガニックでのブドウ栽培に加え、醸造でも自然発酵を基本とし補糖や補酸はもちろん、亜硫酸などの薬品を使わないワインのこと。醸造の最終段階では出荷管理のため最小限度の酸化防止剤の添加は認められている。

　現在、世界のワイン市場では、ヨーロッパを中心に有機ブドウによるオーガニックワインの消費拡大が大きな流れとなっている。しかしながら、日本におけるその動きは、減農薬や無農薬を目指す若手醸造家や栽培家も一部出てきているが、その取り組みは各企業や個人に委ねられているのが現実といえる。

　一方、国内の消費者の動きは敏感で、イギリスの調査会社 IWSR によるとすでに輸入ボトルワインの 10 本に 1 本が世界各国の公認したオーガニックワインとなっており、この量は日本のブドウから造った日本ワイン全生産量を上回る量になっている状況である。

　また、令和2年（2020）、日本で生産される有機酒類の約6割が果実酒であり、その生産量は 1,436 キロリットルと日本ワイン生産量の 1/10 に迫っている。この内訳は公表されていないが、海外原料を使った有機ワインが中心だと考えられる。

　消費者とワインが近づく時代、ワインツーリズムやオーガニックワインのような課題は、ワイナリーにとって避けて通れないものとなっている。

5 ｜ 豊かさの指標−ワイン県を目指して−

5.1 ｜ 山梨県経済における位置づけ

　2021 年において、全国には 413 のワイナリーがあり1万 6499 キロリットルの日本ワインを生産している。山梨に 92 社、長野 62 社、北海道 46 社、山形 19 社、岩手 11 社、青森、新潟、岡山には 10 社のワイナリーがある。

　山梨における日本ワインの生産量は全体の 26%を占めている（長野 25%、北海道 19%）が、県内経済ではいったいどのような位置にあるのだろうか。

　山梨県の付加価値総生産額GDPにおいては、サービス産業が約 45%で、ワイン産業が含まれる製造業のGDPの割合は約 30%。製造業の指標である工業統計をみると、平成 28 年度の山梨の工業全体では出荷額2兆 5326 億円、1,738 社、従業員 73,146 人となっている。

　このうち果実酒製造業は、従業員4人以上の企業で出荷額 159 億円、37 社、従業員 801 人となっていて、経済ウエートで見ると、出荷額で 0.63%、従業者数で 1.1%

である。山梨の清酒製造業に比べると約5倍の経済規模を有するとはいえ、分母を県内GDPに置き換えると、山梨のワイン産業の生み出す付加価値は約 0.2%の規模しかない。

このGDPを、機械電子工業 20%、卸・小売業 8.3%、観光産業 8.3%、農林水産業 1.7%と比較すると経済規模での県内経済への貢献は小さい。統計に現れない零細の約 50 社のワイナリーも含め個性的なワインを醸造しているワイン産業とはいえ、県内GDPへの貢献はわずかと言わざるを得ない。

しかも、山梨を含めた日本のワイン産業の構造としては、大手5社で約8割のワインを国内で製造し、その生産量の約8割が外国から濃縮ブドウジュース等を輸入して作ったワインとなっているのが現状である。

5.2 ｜ 「先人の流した汗」という豊かさの指標

先ほど、山梨県のGDPにおけるワイン産業の経済的価値を「0.2%」と示した。しかし、それが山梨のイメージやブランド価値の視点からは機械電子工業を逆転する。

平成 19 年に行った東京丸の内OLに対する山梨県の調査で、「山梨と聞いて何を思い起こすのか」というイメージ調査を行ったところ、自然や歴史を表す富士山や武田信玄ではなく、ブドウ・ワインで 1/3、また、モモとフルーツを加えると約 2/3 が果物関連で山梨のイメージを独占した。

これが、これまで述べてきた山梨のワインが持つ、歴史的、文化的価値であり、「先人の流した汗」が幾重にも重なり築きあげてきた「地域の豊かさ」だといえる。

経済的価値と文化的価値がせめぎ合うのが、ストックとしての土地の価格ではないだろうか。では、世界で最も価格が高い土地はどこか？　それは、ニューヨークでもロンドンでも東京でもなく、ブルゴーニュのロマネコンティのブドウ畑である。もちろんここは、有機栽培（ビオディナミ認証）のブドウ畑であり、この取り組みの結果、1本数十万円だったワインの価格が1本数百万円にまで上昇している。ワインを生産する地域として、そんな豊かさを目指していくことが、これからの地域のあるべき一つの姿だと考える。

そこで重要なのが、世界進出を果たした甲州ワインのブランディングである。2016 年、まずはワイナリーが日本一集積する峡東地域においてワインリゾート構想を打ち出した。ワイナリーでの受け入れ態勢に加え、レストラン、宿泊施設での県産ワインの取り扱い

と知識、サービスの向上など、地域でワインに関するおもてなしの向上を図っていった。ワイン造りの歴史に触れ、食との楽しい交流、そして1本のワインの歴史や物語を求め1泊の旅になる。そんな受け入れ態勢の整備を目指した。

そして2019年、ワインと山梨を結びつける地域ブランド戦略。数ある山梨の地域イメージの中からワインを選び、8月、最終的に「ワイン県」にたどりついた。これも歴史的、文化的価値を持つ山梨のワインだからできたことであろう。

今後期待されるのが、甲州ブドウの有機栽培の促進はもちろん、世界中の人に「ワイン県やまなし」を分かりやすく楽しく理解してもらうPR拠点の整備、食とワインのペアリングなどワイン県にふさわしい食文化、さらには県民が甲州ワインに誇りと親しみをもって楽しむ食文化を確立していくことだと考えている。

「先人が流した汗」は地域の豊かさの原点であり指標である。これまで述べたように甲州ブドウ、甲州ワインの長い歴史を眺望すると、そう実感せずにいられない。

第6章 ミネラルウォーター生産量 日本一の山梨の水

～生活に浸透した水～

はじめに　私が幼少期から小学生時代を過ごした 1980 年代の山梨県では水をお店で買うなんて聞いたことがなかった。真夏の小学校の校庭で思いっきり遊び、喉がカラカラになって校庭の脇にあった水道の水を思いっきり飲んだ時のことを鮮明に覚えている。自宅でも日頃から水道水を飲み、味に不満を持ったこともなかった。飲み水とはそういうものだと思っていたからだ。山地に囲まれた山梨県は、水道用の水源も良い水が確保できていて、水質も恵まれている地域である。そんな山梨県でもスーパーマーケットやコンビニエンスストアー、ホームセンターの棚には常に多くの銘柄のミネラルウォーターが十分な在庫量で陳列されるようになって久しい。それは、ミネラルウォーターが私たちの飲料水の一つとして日常で利用されているからではないだろうか。私の家族は水道水をそのまま飲用にしているので、意識してミネラルウォーターを飲用水にしている家庭ではないが、家族 4 人分の防災備蓄用の水はミネラルウォーターで常に 60 リットルは保管して年に 1 度は総入れ替えをしている。出先ではミネラルウォーターを購入することも少なくはないし、旅行でホテルに宿泊すれば、当たり前のように人数分のミネラルウォーターが冷蔵庫に入っていて毎日補充してもらえる。あえて飲み水はミネラルウォーターと決めていない人でも、それらを消費する機会は多く、ミネラルウォーターは日常的な水となっているのだ。

1 ┃ ミネラルウォーターの生産量

　では、ミネラルウォーターはどれくらい私たちの生活に浸透しているのかをミネラル
ウォーターの生産量でみてみよう。1990年の後半頃から市場での流通が拡大し出し
たミネラルウォーターは、徐々に需要が拡大し、2000年以降その生産量は右肩上がり
で2021年のミネラルウォーターの生産量は、41億5434万リットルと過去最高の量を
記録した。このほか輸入されたミネラルウォーターが2億8761万リットルあったので、こ
の年は合計44億4195万リットルのミネラルウォーターが市場に出回ったことになる。こ
れを2021年の日本の人口の1億2550万人で割ると、国民1人あたりのミネラルウォー
ターの年間消費量は35リットル程度ということになる。とはいえ全ての国民が等しくミネ
ラルウォーターを飲んでいる訳ではないので、35リットルもミネラルウォーターを飲んだ記
憶がないという人も多いだろう。水道水を直接飲むことに抵抗がない人や、水道水の
水質に恵まれた地域の人はミネラルウォーターを日常的に飲むということはしていないと
思われる。赤ちゃんもそんなに多くの水を飲まない。それは一方で、他の誰かは35リッ
トルより多くのミネラルウォーターを消費していて、そういった人にとってミネラルウォーター
は出先の水分補給や防災用の備蓄用ではなく、生活飲料水になっているに違いない。
事実、私の周りの大学生に尋ねてみても水を飲む場合はペットボトルに入った水を常
用しているという人は多いし、ミネラルウォーターを片手にキャンパス内を歩く学生の姿
もよく見かける。東京、名古屋、大阪圏の三大都市圏に住む友人にきくと、ほとんど
の人はペットボトルやサーバーウォーターを飲み水としている。

　ここで、30～40年前には水をお店で買って飲むのなど夢にも思っていなかった社
会から、日常にミネラルウォーターが受け入れられるようになるまでの歴史を振り返って
みよう。

　日本で初めてミネラルウォーターがメジャーな市場で発売されたのは、私が小学校
の校庭で水をガブ飲みしていた頃よりずっとずっと前の、1929年（昭和4年）のこと
である。なんと戦前には水を瓶に詰めて販売していたのだ。これ以前にも地方では瓶
詰めされた水は地方で小規模販売されていたようだが、現在のミネラルウォーター業
界の様に広い市場を狙った商品としてはこの年の様だ。さらに驚くことに、この日本初

のミネラルウォーターの採水地は山梨県の旧下部町であった。ちなみに、日本最古の瓶詰めされた飲み物は炭酸飲料で、兵庫県多田村平野で湧出していた天然鉱泉水炭酸水を充填したものであった。これは1884年に「平野水」の商品名で販売されたもので、みなさんご存知の「三ツ矢サイダー」の原型なのだ。サイダーの話はこれくらいにしておいて、日本最古の炭酸を含まないメジャーなミネラルウォーターの発祥は山梨県ということになる。水源は富士身延鉄道（現在の身延線）の土地で湧出した水を「日本エビアン」の商品名で販売を開始したとのこと。水源に恵まれた日本においては販売当初「瓶詰めの水が売れるわけがない」と冷笑され大変な苦労をされたようである。

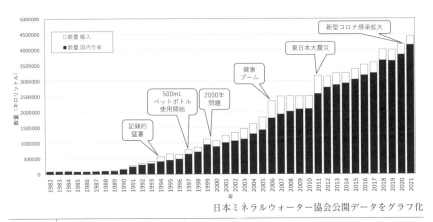

日本ミネラルウォーター協会公開データをグラフ化

図1 ミネラルウォーターの生産量の変化

　この日本初のミネラルウォーターが山梨県で発祥してから、庶民の生活にミネラルウォーターが浸透するまでには長い時が必要であった。先にも紹介した様に、私が物心ついた1980年代になってもそれは日常のものではなく、ようやく庶民がミネラルウォーターを手にするようになったのは1990年代になってからだ（**図1**）。きっかけは、1994年にあった観測史上最大の猛暑と渇水による深刻な水不足とされている。この水不足により多くの地域で水道の給水制限が行われ、節水が呼びかけられたことで家庭用としてのミネラルウォーターが普及するきっかけとなったのである。ただしこの頃は、現在では当たり前になった小型ペットボトル容器（500ミリリットル）に入ったミネラルウォーターは消費者からのニーズはあったものの販売はされていなかった。これは使用済み

のペットボトルのゴミ問題に対する懸念から業界が使用を自粛していたためである。しかし1996年になるとペットボトルのリサイクルの取り組みが本格化したことから、500ミリリットルペットボトルの導入が実現し、これを期にミネラルウォーターの消費はさらに増加した。

　次にミネラルウォーターの生産量が大幅に増加したのは1999年から2000年に年が変わる時である。原因はコンピューターの「2000年問題」とされている。当時の多くのコンピューターシステムの内部では日付を扱う際に西暦の上位2桁を省略し、下位2桁だけを表示方式を使っていた（たとえば1981年は「81」というように）。この方式では年号が2000年になると、コンピューター内部では「00年」となり、これを1900年と見なしてしまい不具合を起こす可能性が指摘されたのだ。すでに世の中の多くのシステムでコンピューターが導入されていたので、これが誤作動を起こすことで予測不能なトラブルが起こるかもしれないと世の中が不安の渦に巻き込まれたのである。一見、飲み水とは関係のない問題のように思えるが、コンピューターが広く使われ始めていたため電気や通信、交通、水道など日常生活に関わるライフラインが止まるかもしれないという心配が国民の間で広がった。これを受け、当時の総理大臣である小渕恵三が国民に対してCMで「念のための防災用の水や食料の確保」を呼びかけたことから、備蓄水としてのミネラルウォーターが意識されるようになり、需要が増加したのである。

　2000年以降は健康志向の高まりに伴ってミネラルウォーターの需要も年々増加し、2006年には健康ブームによる生産量の急激な増加があった。2005年には宅配水・ウォーターサーバーのサービスが開始され、新たなミネラルウォーターの販売路線ができたが、販売当初は一般家庭への普及はそれほど急激に増加するものではなかったようだ（後にブームを起こすが）。その後、2011年にも生産量の増加があった。東日本大震災による備蓄用・非常用の水の需要が急増したためである。この年は前年比126%というこれまでにない生産量の増加が記録された。その後も断続的に起こる地震や豪雨による災害の多発などもありミネラルウォーターの生産量は、ほとんどの年で前年を上回る生産増の実績を維持し続けている。また、新型コロナウイルスの感染拡大による外出自粛に伴い、ミネラルウォーターの需要が落ち込むとの懸念はあったものの、家庭でのミネラルウォーターの需要が増加し、特にウォーターサーバーの需要が急増した結果、生産量は新型コロナウイルスの感染拡大の前より増加する結果と

なった。

　このように、ミネラルウォーターは深刻な水不足や災害さらには感染症の拡大を期に需要が急増し、それに伴って生産量の増加傾向が続いている。現在のミネラルウォーターはかつての贅沢品や嗜好品ではなくなり、防災用の備蓄水や生活常用飲用水となって人々の日常に浸透したのである。

2 ミネラルウォーターに求められること

　この全国規模のミネラルウォーター需要の高まりに対して、山梨県は極めて重要な水源地となっている。2019年時点で日本におけるミネラルウォーターの生産量の40.7％は山梨県で採水された水が使用されていて、そのシェア率は2位の静岡県の15.4％を大きく引き離し全国でトップである。山梨県の水源がこれほどに大きなシェアになっている要素とはなんであろうか。

　1つ目は巨大な消費を有する「首都圏から近い」ということだ。水は重量物のため、輸送にかかる労力やコストは無視できない要因の一つである。水源から首都圏へのミネラルウォーターの輸送は大型トレーラーを使う。効率よく輸送したい場合、なるべく大きなトレーラーで一度に大量の水を輸送したほうが有利なのだが、一般的な道路にかかる橋には通過する車両の重量制限があるため、輸送するトレーラーのサイズ（一台に積載できるミネラルウォーターの量）は制限を受けている。であるから、ミネラルウォーターの需要が急増する夏の暑い時期には輸送車両は水源地と首都圏を何往復もする必要があるのだ。

　また、水はその容積も輸送の制限をもたらす。水源地から首都圏へ運ばれる水は直接コンビニエンスストアーやスーパーマーケットへ届けられるのではない。首都圏の小売店は商品を保管しておく倉庫の広さが限られているため、沢山の在庫を置いておけないのだ。であるから水源から運ばれた水は、郊外の大規模な物流倉庫に一時保管され、そこから小まめに小売店へ配送されているのである。真夏日や猛暑日などの気温が高くなった日にはミネラルウォーターの需要が急増するため、コンビニエンスストアーやスーパーマーケットの在庫はあっという間に無くなる。それにともなって郊外

の物流倉庫にある在庫も急減するため、品切れを起こさない様にするためには、首都圏でのミネラルウォーターの需要状況に俊敏に対応した輸送・供給が求められるのだ。これらのことを考えると、ミネラルウォーターを消費する地域（首都圏）と水源は近いに越したことはない。山梨県は、首都圏まで大型トラックでも2時間程度で輸送できる好立地にあるのだ。

　首都圏と山梨県の距離が近くても、ミネラルウォーターとして売れる良質で需要を満たすだけの水源がなければ話にならない。2つ目の要素は「水源」である。山梨県が日本のミネラルウォーターの生産量の4割を占めているという事実は、水量と水質に恵まれた水源が存在していることを裏付けている。では、なぜ山梨県が水源に恵まれた地域なのか。これを理解するためには山梨県の地形や地質の特徴や、水源の水質はどの様に形成されるものなのかを知る必要がある。さらに、そもそもどの様な水がミネラルウォーターと表記・販売できるのかを理解する必要がある。

3 ミネラルウォーターとは

　ミネラルウォーターの定義とはどういったものであるのか。これまで、ボトルに詰まった飲用水を一般的に呼ばれている「ミネラルウォーター」と表現してきたが、正確にはミネラルウォーター類と総称すべきである。なぜならボトルに詰められた飲用の水は主に4つの品名に分類されるからだ。この分類を規定しているのが農林水産省が発布するミネラルウォーター類の品質表示ガイドラインで、以下の様な4種が定義されている。

・ナチュラルウォーター

・ナチュラルミネラルウォーター

・ミネラルウォーター

・飲用水・ボトルドウォーター

「ナチュラルウォーター」は、特定の水源から採水した「地下水」を源水とした水で、ろ過・沈澱・加熱殺菌以外の物理的・化学的処理を行わないものとされている。そしてナチュラルウォーターと意味が類似する「天然水」と表記することが許されている。ここで注意すべきは、この規定は「地下水を水源とすること」と「ろ過・沈澱・加熱

殺菌の処理であること」のみが定義されているだけで、水質については規定されていないという点である。であるから、水質によらず地下水をろ過・沈澱・加熱殺菌のいずれかの後に充塡すればそれはナチュラルウォーターという品名にできるのだ。

　次に、「ナチュラルミネラルウォーター」とは、上記ナチュラルウォーターのうち鉱化された地下水を原水としたものとされている。ここで表記される鉱化とは、地表から浸透し、地下を移動中または地表下に滞留中に地層中の無機塩類が溶解した地下水、または天然の二酸化炭素が溶解し、発泡性を有する地下水を含むものである。少し専門的な用語が並び始めたので分かりやすく説明すると、「地下に浸透した水に地層中の成分（ミネラル分）が溶け込んだものをナチュラルミネラルウォーターとしましょう」ということだ。ここでいう地層中の成分（ミネラル分）とは水質学では溶存イオンと呼んでおり、どんな溶存イオンがあるかはこの後詳しく紹介する。また、天然の二酸化炭素が溶けた水もナチュラルミネラルウォーターと表示して良いとなっている。温泉が湧出する地域や火山のある地域では地中に比較的高い濃度の二酸化炭素が存在していることがある。この二酸化炭素が地下水に溶け込むことで天然の炭酸水ができるというわけだ。先に紹介した日本最古の清涼飲料水（炭酸水）として発売された兵庫県多田村平野の天然鉱泉水炭酸水はまさにこれに当たるわけで、現在ではナチュラルミネラルウォーターに属する。このようにナチュラルミネラルウォーターの表示規定では、水質についても指示されていて、ナチュラルウォーター同様に「天然水」という表記が許される。

　さらに、「ミネラルウォーター」とは、ナチュラルミネラルウォーターを源水とし、品質を安定させる目的等のためにミネラルの調整、ばっ気、複数の水源から採取したナチュラルミネラルウォーターの混合等が行われているものとされている。つまりは「水質の調整やブレンドが人工的にされているので、ナチュラルという言葉を除外してミネラルウォーターとしましょう」としているのだ。したがって「天然水」という表記は許可されていない。

　そして「飲用水・ボトルドウォーター」とは、上記以外のものとされている。これらをまとめると**図2**の様な分類イメージになる。

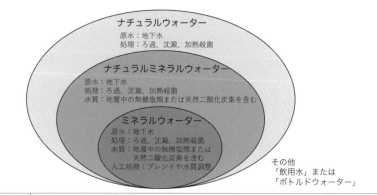

ナチュラルウォーター
原水：地下水
処理：ろ過、沈澱、加熱殺菌

ナチュラルミネラルウォーター
原水：地下水
処理：ろ過、沈澱、加熱殺菌
水質：地層中の無機塩類または天然二酸化炭素を含む

ミネラルウォーター
原水：地下水
処理：ろ過、沈澱、加熱殺菌
水質：地層中の無機塩類または
　　　天然二酸化炭素を含む
人工処理：ブレンドや水質調整

その他
「飲用水」または
「ボトルドウォーター」

図2　｜　ミネラルウォーター類の分類イメージ

　ミネラルウォーター類の品質表示ガイドラインは、水源や処理形態、水質の特性を
規定しているもので、飲用のための安全性については規定されていない。もちろん基
準がないわけではなく、水道水の様にミネラルウォーター類の水源に課せられた水質
基準もある。ただ、水道水とミネラルウォーターでは安全基準を定める法律が異なっ
ており、水道水の方が厳しい安全基準が定められている。　水道水の安全基準は、水
道法により定められていて、細菌の有無をはじめ、各種水質基準値について51もの
チェック項目があり、それら全てをクリアしてようやく水道水として家庭に届けることがで
きる。それに対して、ミネラルウォーターの安全基準となるのは食品衛生法で、クリア
すべきチェック項目は殺菌・除菌工程有りの場合44項目と水道法よりも少なくなってい
る。山梨県では、これらの基準や規定を取りまとめ「山梨県ミネラルウォーター製造管
理指導要項」が設けられている。

　正直なところ、水質学および地下水学の観点だけでみると、これらの安全管理の
ための水質基準を満たし、ナチュラルミネラルウォーターになり得る地下水は国内の多
くの地域で入手できることだろう。全国の多くの地域で（たとえば東京近郊であっても）
ミネラルウォーター類が生産できる可能性は高いのだが、実際はそうではなく、山梨県
にミネラルウォーターの生産が集中している。その理由はもう少し違ったところにあるよ
うに思える。

　ミネラルウォーター類を購入する人にとってみれば、管理的な安全性をクリアできてい
ることは必須条件ではあるものの、商品を買う絶対条件ではないということかもしれな

い。つまり、法律が定める水質基準とは違うところに消費者の基準や、水質とは異なる価値観があるのかもしれない。この基準や価値観はどの様なものかを人気ブランドのミネラルウォーター類を参考に考えてみよう。

まず人気ブランドの水質についてみると、富士北麓で採水される水に多く含まれるバナジウムをはじめ、高濃度のシリカ、人工的に充填された水素ガスがパッケージの全面を飾っている銘柄が多数みられる。これら限られた地域でしか得られない水質は商品の独自性を確立する上でとても重要な水質的な特徴で、健康志向の高い人へアピールされている。しかし私は、それよりさらに基本的な水質項目が重要であると考えている。それはミネラルウォーターの水質項目の中で最も基本的な項目と言っていい「硬度」である。国内で流通している多くのミネラルウォーター類は軟水という点で共通している。軟水や硬水と表現される水の硬度は、飲んだ時の口あたりに強く影響する。この硬度の好みは広い地域で共通してくる傾向があるため、商品がより多くの人に受け入れてもらえるかどうかという点で重要な項目だといえる。

ここで、硬度について少し詳しく説明しておこう。水の硬度とは水中に含まれているカルシウムイオンとマグネシウムイオンの総量を数値化したものである。世界保健機関（WHO）の基準では、硬度が0〜60mg/L 未満を「軟水」、60〜120mg/L 未満を「中程度の軟水」、120〜180mg/L 未満を「硬水」、180mg/L 以上を「非常な硬水」としている。軟水は口あたりが軽くクセのない水で、硬水はしっかりとした飲みごたえのある水とされている。水の硬度の好みは地域により大きく異なるといわれており、地下水の硬度が高いヨーロッパやアメリカ合衆国では比較的硬度の高い水が好まれる傾向があるようだ。一方、もともと硬度の低い水が多い日本では軟水を好む人が多い傾向がある。したがって、国内のミネラルウォーターの水源は軟水であることが重要な点になってくる。

しかし、ミネラルウォーターのボトルを見ると「軟水」というキーワードを全面に出したものはあまり目にしたことがない。水源が軟水であることは多くの人に好まれるミネラルウォーターの必要な条件かもしれないが、これだけでは十分ではなく、水質の特徴（軟水や硬水）の他にも重要な点があるように思える。それは水質的な特徴をあえて機能的な価値とするならば、情緒的な価値もまた重要なのではないかと考えている。現在の国内のミネラルウォーターの市場をみると上位2社が全体の半分程度のシェアを確

保している。これらの企業は共通して「採水地の環境の良さをアピール」したり「水源地の保全や管理を重視した活動」を展開し、工場の一般公開も実施している。誰もが知る巨大企業なので、生産力や販売網も桁違いなはずだ。しかし生産と販売網の確保だけではこれまでの長期にわたる売り上げの維持はできないはずである。重要なのは基本的かつシンプルで「消費者がそのブランドの商品を購入する」という点だと思われる。それを促すためには、水質の優位性や安全性だけではなく、「水源地の景観の良さ」が重要のように思えてならない。消費者が「機会があれば行ってみたい!」と思う様な大自然から採水された水ということが商品の情緒的な価値を生み出し、これに水源域の保全・管理活動を加えることで環境志向の高い現代において多くの人の共感を得て、さらにその価値を向上させているように見える。

　これらは完全に私の個人的な見解になるが、多くの人に受け入れられるミネラルウォーターの水源として重要な点をまとめてみると、「豊富な軟水」と「誰もがため息をつく様な大自然の風景（または誰もが知っている自然）」という2点が挙げられる。水質学的視点だけでみると、ミネラルウォーターの条件を満たす水源は日本の多くの地域で確保できる可能性は高いが、ここで注目する2つの要素を満たし、先に述べた巨大な消費地域からの距離が近い地域となると、ミネラルウォーター水源の拠点となり得る地域は限られてくる様に思える。少なくとも山梨県はこれらの条件を満たす地域が多いということから生産量日本一となっていると考えられる。

4 ┃ 地下水の水質はどうやってできるのか?

　いよいよ山梨県におけるミネラルウォーターの生産量日本一の理由の核心にせまるところまでやってきた。豊富な軟水が存在する理由や、景観の美しさについて考えていきたいと思う。まずは軟水が存在する理由についてだが、これを説明するには地下水の水質の変化について触れなければならない。ミネラルウォーター類の品質表示ガイドラインのナチュラルミネラルウォーターの定義にもあるように（地表から浸透し、地下を移動中または地表下に滞留中に地層中の無機塩類が溶解した地下水）、水が地下を移動する間に地層からさまざまな無機塩類（イオン成分）が供給されるのである。

　ここからは私の専門でもある地下水水質学の視点から地下水の水質変化について説明する。地下水は雨や雪解け水が地下へ染み込むことで生成されるが、このことを専門用語では地下水涵養（ちかすいかんよう）と言う。地下水のもととなる雨や雪は、海から供給される。大量の雨や雪や海面の水が太陽光で熱せられ、蒸発することで雲が発生し、これが陸地へ雨や雪をもたらしてくれる。海面から水が蒸発するときには海水に含まれる高濃度の塩分は取り除かれ、水蒸気が雲を生成する。であるから陸地にもたらされる雨や雪に溶けているミネラル分は非常に少ない。もちろん空気中にはチリやホコリもあり、化学物質も浮遊していて雨粒や雪の中に取り込まれるが、多くのものは雨や雪が地下へ浸透される際にろ過されたり森林中の木々や草、土壌中の微生物に吸収される。地中へ浸透した水は一般に、土壌中のカルシウム成分を溶解する。涵養直後の比較的新しい地下水は一般にカルシウムと重炭酸という成分に富む傾向がある。こうした地下水を水質学ではカルシウム-重炭酸型の地下水（$Ca-HCO_3$ 型地下水）という。この後、カルシウム - 重炭酸型の地下水が地下を流れ、滞留するなどして時間が経過すると、地下水中に溶けていたカルシウムイオンと土壌中に張り付いているマグネシウムイオンとが置き変わる（土壌中にくっついていたマグネシウムイオンが地下水中へ放出され、代わりにカルシウムイオンが土壌へくっつく現象）イオン交換反応という現象が起こる。そうすると地下水はカルシウム - 重炭酸型の地下水からマグネシウム - 重炭酸型地下水（$Mg-HCO_3$ 型地下水）へと水質が変化するのである。さらに時間が経つと、今度はマグネシウムイオンが土壌中に張り付いているナトリウムイオンと交換反応を起こしてナトリウム - 重炭酸型（$Na-HCO_3$ 型地下水）の地下水へと変化するのだ。このように地下水は、「カルシウム - 重炭酸型地下水」→「マグネシウム - 重炭酸型地下水」→「ナトリウム - 重炭酸型地下水」と水質を地下での時間経過とともに変化させていくのだ。そしてこれらの濃度は、地層に含まれるカルシウムやマグネシウムの量（地質）や、地下水の滞留時間に応じて変化する。たとえば、石灰岩という岩石が地質を構成している場合、地下水中のカルシウム濃度は高くなり硬水になるし、石灰岩がない地域でも滞留時間が長い水は硬水になる。

　観光地などで見かける湧水や井戸水は、地下に溜まっていた時間が長い地下水ほど有難い水という雰囲気を出しているところもあるが、水質学の世界では年数が経過した水ほど、カルシウムやマグネシウムの溶存成分の濃度は高くなって硬水になる可

能性が高く、日本における飲用水としての価値が下がってしまうことになるのかもしれない。

　硬水は北米やヨーロッパで多くみられるが、このうちヨーロッパで硬水がみられるのは石灰岩（せっかいがん）を多く含む地質が分布している場所が多いからである。石灰岩の主成分は炭酸カルシウムのため、地下水はこれらを溶かし高濃度のカルシウム - 重炭酸型地下水すなわち硬水を生成するのだ。また、ヨーロッパや北米は陸地面積が小さく山が多い日本に比べ、広大な面積を有しているため地下水となった水は、広大な大陸の大地をゆっくりと流れている。これにより地下水の滞留時間がとても長くなって、土壌中のカルシウムやマグネシウムが時間をかけて溶け出し硬水となっているのである。

　一方、軟水になり得る地下水とは、カルシウムやマグネシウム成分が比較的少ない地質の地下水で、滞留時間も短いほど硬度が低くなるということになる。国土が狭く急峻な山が多い日本は斜面が多く、地下水が流れる速度が比較的早い傾向があるため、硬度の低い軟水が多くみられる。このような地形や地質的特徴は地下水の水質を決める重要な因子となっているのだ。

5 ｜ 山梨県の地形や地質の形成

　ここで、地形の観点から山梨県をみてみると、県の南東部には世界を代表する富士山があり、県の中央には高い山々に囲まれた甲府盆地が広がっている。盆地の南には御坂山地、西には南アルプス連山、北には八ヶ岳や茅ヶ岳、東には秩父山地と、半径30kmほどの地域に標高2000m 〜 3000m 級の巨大な山々がそびえ、急峻な地形が多い地域であることが改めて理解していただけると思う。これだけでも、比較的速い流れの地下水がありそうなことを想像できるかと思うが、せっかくなので山梨県の特徴である山地や地質について少し説明しておこう。

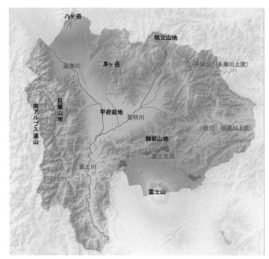

山梨の大観を活かした美しい県土づくり（平成 26 年山梨県）から引用

| 図3 | 山梨県の山地 |

　世界の中で山梨県が地形的にどのような位置にあるのかということは、山梨の地形や地質の特性を理解する上でとても重要である。世界を地形的に起伏の大小で分けると、大きく2つに分けることができる。一つは、地形の起伏が比較的小さい安定大陸を中心とした地域で、世界にある6大陸（ロシアやアジアの多くの国があるユーラシア大陸や北アメリカ大陸、南アメリカ大陸、アフリカ大陸、オーストラリア大陸）に広く分布している。もう一つは、地形的な起伏の激しい造山帯の地域である。日本列島は、深い海溝と高い山脈を有する起伏の大きい地域なのだ。大陸には地形の起伏が小さい地域が広く分布していると説明したが、大陸にも地形的な起伏が著しく激しい地域もある。例えばユーラシア大陸の中央部にあるヒマラヤ山脈は地形起伏が極めて大きい地域で有名だ。

　日本列島の中でも山梨県の地形的起伏はとても大きく、地形や地質は複雑でユニークだ。ここからは山梨県の地形がどの様に形成されていったのかについて、今から2000万年前の原始の日本列島までさかのぼって山梨の地形・地質の歴史についてなるべくわかりやすく、概略的に説明してみよう。

5.1 　山梨県のベース・フォッサマグナ

　日本列島をよく見ると、ちょうど真ん中あたりの新潟県、長野県、山梨県、静岡県それに群馬県、埼玉県、東京都が位置するあたりで大きく折れ曲がっている様に見える。地質学の分野ではこの折れ曲がった地域のことをフォッサマグナ（大地溝帯）と呼んでいるが、これは実際に日本列島が折れ曲がったのだ。原始の日本列島は、現在よりも中国大陸に近いところに真っ直ぐな形で位置していた。約 2000 万年前に、中国大陸と日本列島の間の日本海が広がるという巨大な地形変動がおこった。これに伴って日本列島は背中を押される様に太平洋側に押し出され、列島のちょうど真ん中で裂ける様に折れ曲がった。この時に太平洋から日本海までつながった巨大な割れ目（フォッサマグナ）が形成されたのである。その後、数百万年をかけて砂や泥などが堆積していった。これが山梨県のベースとなり、この上に 2000 万年という歳月をかけて現在の地形が形成されていくのだ。

5.2 　甲府花崗岩体の隆起

　日本列島が現在の位置に着座した頃、甲府盆地の東部から北部にかけて巨大な花崗岩が隆起を始めた。花崗岩とは地下の深いところでマグマがゆっくりと冷えてできる岩石で、よく見ると白い結晶と黒い結晶が混ざっていてゴマ塩をふったおにぎりのような模様をしている。この花崗岩は比重が軽いため、氷が水に浮かび上がる様に、花崗岩はマグマに浮かび上がり上昇する。フォッサマグナ地域に堆積した砂や泥を突き破って巨大な花崗岩体が甲府盆地の東部から北部にかけて隆起したのだ（**図 4**）。この花崗岩体は現在の甲州市や山梨市、笛吹市の山地域から、金峰山、御嶽昇仙峡、瑞牆山、甲斐駒ヶ岳など甲府盆地の周囲をほぼ半周するエリアで見ることができる。この花崗岩体の大きさは関東地域において最大級で、甲府花崗岩体という特別な名前で呼ばれている。

5.3 　南アルプスの隆起と御坂山系の形成

　数百万年前になるとフィリピン海プレートが日本列島へ潜り込む動きが活発になり、フォッサマグナ地域を押し上げるようになる。このプレートの押し込みにより南アルプスが隆起し、かつて海底であったところを標高 3000m 級の山に変えた。また、フィリピ

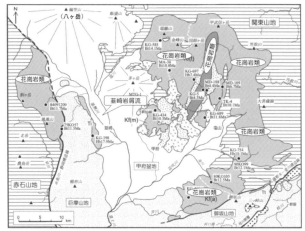

佐藤ほか 2015 に加筆

| 図4 | 甲府盆地における花崗岩の分布と韮崎岩屑流の位置 |

ン海プレートの上には島が並んでいた（現在では伊豆・小笠原諸島）。フィリピン海プレートが日本列島の下へ向かって動くと、これらの島を日本列島に接近させ、しまいにはフォッサマグナの地域へ押し上げる様に衝突させた。これにより島や海底の堆積物を材料とした山が形成される。これが甲府盆地の南部にある御坂山系にあたる。このようにプレートの動きは甲府盆地の形成に重要な役割を果たしているのである。

5.4 火山の形成と盆地の埋め立て

　さらに時を経て、百数十万年前から数十万年前の期間には、山梨県の北部で火山活動が活発になった。山梨県を代表する火山の一つである八ヶ岳をはじめ、茅ヶ岳、黒富士、水ヶ森山などの大きな火山が甲府盆地の北部に形成された。一方、この頃の甲府盆地は、先に説明したように東部から北部は花崗岩体に、西部は南アルプス連山、南部は御坂山系に囲まれた深い谷地形を成していたと考えられる。その谷は現在の地質調査から想像するに、深いところでは2000mもあったのではないかと考えられる。この巨大な谷を埋め立てたのが、山梨県の北部に形成された火山から供給された岩石や土砂である。火山はしばしば山の大部分がなくなるほどの巨大な爆発を生じる。これを山体崩壊といい、この山体崩壊によって大量の岩石や土砂が生成され、

山麓へ流れ下ってくる。土石流の様なものを想像される方もいるかもしれないが、この山体崩壊は比べものにならないほど大規模なもので、小山一つ分もある大きな岩を何キロも遠くへ運ぶような力をもっている。その痕跡は流山として存在も見ることができる。この猛烈な岩や土砂の流れを岩屑流という。岩屑流の大きさを想像するのに、とても良い地形が山梨県にはある。国道20号線を韮崎市から北杜市方面へ走っていくと東側に岩の壁がみえる。高さがおよそ40mもある巨大な岩壁で、その長さは南北に30km（七里）も続くため地元では七里岩と呼ばれている（**図4**）。これがまさに岩屑流の痕跡なのだ。この七里岩の岩屑流の岩壁は、八ヶ岳が山体崩壊したものが堆積し、釜無川と塩川の浸食作用によって西側と東側を削り落とされたものなのである。この七里岩は八ヶ岳南麓から韮崎駅の付近まで地表に現れているが、実は地下でもっと広範囲に広がっているのである。どこまで広がっているかというと、なんと盆地の反対側の御坂山地まで達している。この韮崎岩屑流の規模は、層厚200m、到達距離48km、総容積9km^{3}に達し、泥流堆積物では国内最大級のものとされている。

　これで驚くのは少しお待ちいただきたい。甲府盆地における地質調査の結果、韮崎岩屑流の他、黒富士火砕流、水ヶ森火山岩という火山に由来する地層が、韮崎岩屑流を超える層厚で存在し、盆地の地下500m以深まで堆積しているのだ。この様に甲府盆地北部に形成された火山に由来する堆積物により甲府盆地の平地部の基礎が築かれているのである。

　これら火山を由来とする堆積物の上部には、最近の（とはいっても、数百年とか数千年というスケールの話だが）砂や礫からなる層が形成されている。甲府盆地には山地から平地部にかけて多くの扇状地が形成されている。地形学の教科書には、大小12の扇状地が紹介されている。扇状地は山地から流下する河川が急峻な谷から平坦地が広がる平野部に流入すると水深や流速が減少し、運んで来た土砂を堆積させることにより形成された地形である。したがって、扇状地には水が浸透しやすい砂礫が分厚く堆積しており、地下水も豊富になる傾向がある。

5.5 ｜ 富士山の誕生

　その美しさから世界の多くの人にその名を知られる富士山。圧倒的な知名度をもつこの山は、山梨県の山の中でもっとも新しい山といえる。現在の形になったのは、今

　から1万年以降のことである。富士山はベースとなる火山があり、噴火により放出され
た玄武岩質の溶岩がこれらを飲み込む様に蓄積し、巨大化した山なのだ（**図5**）。現
在の富士山の最深部には小御岳火山がある。この火山は今から10万年以上前に
活動を停止したと考えられている。その後、大規模な噴火により小御岳火山と、直近
にある愛鷹山の一部を飲み込む様にして大規模な山体が形成された。古富士の誕
生である。この古富士の火山活動は1万年前くらいまで続いたとされている。これ以
降にも大規模な噴火が断続的に起こり、古富士をも飲み込んで、現在の富士山（新
富士火山）を形成した。八ヶ岳が活動を開始したのが百数十万年前なので、ずい
ぶん若い山なのである。

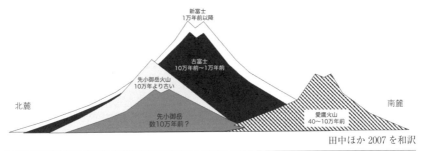

図5 ｜ 富士山の地下構造の概念図

6 ｜ 山梨の水源

　山梨県の代表的な山の生い立ちがわかったところで、ミネラルウォーターへ話をもど
そう。ミネラルウォーターの水源に求められることについて、「水源周辺の景観」、「水
質」、「水量」をあげたが、それらについて山梨県の地形や地質がどの様に寄与し
ているのかについて考えてみる。

　まずは、水源周辺の環境については、地球規模でのダイナミックな地形の変動によっ
て形成された山梨県は、多岐にわたる地質と地形を有することになった。花崗岩の
隆起やプレートの移動に伴う大地の隆起は、壁の様な急峻な地形を生み出し、いくつ
もの山体を飲み込む様に成長した富士山は、噴火のたびに高さや広さを増し巨大な

山体へと成長した。いずれも見上げるほどにそびえる山々は、多様な植生や地質の色を纏い、見る人の目を釘付けにする美しい壮大な風景（大観）を見せつけている。半径30kmほどの地域にこれほど多岐に富んだ地形・地質が濃縮されているのは世界的にも珍しく、山梨県の最大の特徴といえるだろう。ミネラルウォーターの水源に求められる「水源周辺の豊かな環境（大観）」を多く備えたのが山梨県なのだ。

　次に水質について。先に述べた様に地下水は地下での流動や滞留によって時間が経過すると、地質中からミネラル成分が供給される。そして、カルシウムやマグネシウムに富む地質や滞留時間が長い地下水では硬度が高くなる傾向がある。であるから一般に地下に浸透したばかりの地下水を汲み上げている浅い井戸水は硬度が低く、一方で深度の深いところの水は滞留している時間も長くなり、深い井戸ほど溶存する成分も増え硬度が高くなる傾向がある。だとすると、水源としては浅い井戸の水を採取するほうが日本人に好まれる軟水を手に入れられるということになりそうである。しかし浅い井戸では地表の影響を受けたり、水量が十分ではない場合があるため、実際のミネラルウォーターの水源は水量と水質が比較的安定した深い地層中の地下水が利用されている。一般的なミネラルウォーターの生産工場では深さが50m〜数百メートル程度の深井戸が多いようだ。であるから、深井戸の地下水であっても軟水が採取できる所がミネラルウォーターの生産地としては好ましいということになる。

　山梨県のミネラルウォーターの採水地は、甲府盆地内や県南部、東部の大月エリアに広く点在するが、生産拠点は、富士北麓と甲斐駒ヶ岳の山麓の白州にあり、ほぼ全ての水源で軟水が採取できる。

　次に水量についてであるが、地下水の素となる降水についてみると、甲府地方気象台甲府観測所における年間の降水量の平均値（1981年〜2010年）は1,135mmであり、日本の平均降水量1,690mmと比較すると、かなり少ない傾向がある。しかしながら、山地域の雨量をみると広い範囲で2,000mmを超える降水量がある。さらに県土の約86%が山地であるため、甲府盆地の中心部では降水は少ないものの県全体でみると全国平均よりも多くの水資源を得ているということになる。

　さらにミネラルウォーターの主要な水源地となっている富士山と甲斐駒ヶ岳についてもう少し詳しく説明しよう。

　富士山の地下水については、これまで多くの研究者により研究されている。駿河湾

から直接そびえたつ標高 3,776m の富士山には、太平洋から大量の水蒸気がもたらされる。この水蒸気が富士山の斜面とぶつかり厚い雨雲を形成するため、富士山では多くの雨が降る。多いところでは 3,000mm 近くの雨や雪があります。年間でもたらされる降水（雨や雪）の量は富士山全体で 22 億トン程度と考えられている。

　地表に降り注いだ降水のうち何割かは蒸発によって大気へと戻っていくが、それ以外の水は富士山の表面に浸み込む。現在の富士山の表面部分はスコリアといわれる粒状の火山噴出物や、空隙（くうげき）が多い溶岩で覆われているため、とても水を通しやすく降水はすぐに地中深くに染み込んで地下水となる。富士山に川が見られないのはこのためである。染み込んだ地下水は、地下深くにある古富士の表面に沿って山麓へ向かって流れ下っているため、富士山の山麓では豊富な地下水が存在するのだ。これらの地下水の滞留時間は最新の化学分析によって推定されていて、深度 100 〜 150m の深井戸の水であっても、数十年程度と深い地下水としては比較的若い年代を有していることが明らかになっている。そのためカルシウムイオンやマグネシウムイオン濃度が低い軟水が得られるのだ。

　一方、甲府盆地北部にある標高 2,966m の甲斐駒ヶ岳は花崗岩によってできている。花崗岩と聞くと大きな岩の塊を想像すると思われる。大きな岩の塊でできた山に地下水があるのだろうか。近年の研究では花崗岩を主とする山体にも地下水が豊富に存在することが明らかになっている。花崗岩は地殻変動や風化によって表面が崩れたり、内部に無数の亀裂が生じる。こうした割れ目がネットワークの様に山体内部に張り巡らされ、その隙間に水が入って地下水帯を作るのだ。山梨県の水資源実態調査（平成 23・24 年）によれば、この白州地域（白州小水文区）の地下水賦存量は3億 1,700万トンであると推定されている。

　この様に、山梨県には日本人が好む軟水が巨大な山体の中に賦存していて、ミネラルウォーター生産のための良質な水源となっているのである。

7 ｜ 山梨の水ブランド

山梨県におけるミネラルウォーターの生産量が日本一という事実について、これに至

る要因について私なりの考えを述べてきた。「首都圏と山梨県の距離が近い」「多くの人に好まれる軟水が豊富な水源がある」の物理的・水質学的な要素と「巨大な山体が作り出す壮大な風景」という情緒的な価値に加え、生産者による「水源保全・管理活動」が環境思考の高まる現代社会で多くの人の共感を得ているのではないかという考察である。

　ここで、山梨県が令和3年度に実施した「やまなしの"水"に関する意識調査結果」を紹介しながら、都市圏の人たちが持つ水ブランドのイメージをみてみよう。この意識調査は、東京圏（東京都、神奈川県、埼玉県、千葉県）、名古屋圏（愛知県、岐阜県、三重県）、大阪圏（大阪府、京都府、兵庫県、奈良県）の三大都市圏に居住する20歳以上の男女個人3,000人（各都市圏で1,000人ずつ）を対象に実施されたものだ。この調査によると、「富士山の水」、「南アルプスの水」、「八ヶ岳の水」、「山梨の水」と聞いて魅力を感じるか?の問いについて、「富士山の水」、「南アルプスの水」については約9割の人が、「八ヶ岳の水」については約8割の人が魅力を感じると回答している。しかしながら、「山梨の水」について魅力を感じる人は6割程度にとどまっている。この結果は、山そのもの（富士山、八ヶ岳、南アルプス）のブランドが確立されていて、そこで採取されるミネラルウォーターにも魅力があるものの、山梨県で総じてしまうと、そのブランド力は山そのものが持つそれより低くなってしまうというように思える。

　次に、「富士山の水」、「南アルプスの水」、「八ヶ岳の水」と聞いてイメージする県について質問した結果を見ると、「富士山の水」については約6割の人が山梨県、4割の人が静岡県と回答しているが、「南アルプスの水」と「八ヶ岳の水」については、約6割の人が長野県と答え、山梨県と答えた人はわずか3割程度であった。先に紹介した「山梨の水」についての魅力が6割にとどまってしまう結果と合わせて考えると、首都圏の人にとっては、富士山や南アルプス、八ヶ岳が何県にあるのかは重要ではなく、山そのもののイメージの方が強いのかもしれない。山梨県から出荷されるミネラルウォーターの量が日本で1位なのは事実だが、三大首都圏の人々のイメージでは、山梨の水が1位なのではなく、富士山、南アルプスの水が1位ということなのだろう。

　山梨県の水がブランドを確立するためには、水源地に足を運んでもらい、周辺環境の壮大な風景を見て感動してもらうことで、富士山や南アルプス、八ヶ岳が山梨県

に位置するということを記憶してもらうことが重要なのではないかと思われる。山梨県の水ブランディングは観光との融合により多くの人を山梨の大自然の中の水源地域に招待することが重要なのかもしれない。

8 地域の豊かさ

　山梨の水の豊かさを象徴するものとして、生産量日本一であるミネラルウォーターについて記してきたが、山梨県ではさまざまな産業に水が利用されている。まずは、農業や水産業である第一次産業について見る。急峻な山々に囲まれた山梨県は、長い間「水」の試練にさらされてきた。大雨が降ると、盆地を流れる釜無川と笛吹川それらの支流が何度も氾濫していた。この河川の氾濫により甲府盆地の平地部には砂や砂利が分厚く堆積した扇状地がいくつも形成されている。この砂や砂利が分厚く堆積した扇状地は水捌けが良過ぎるため、多少の雨はあっという間に地下に浸透してしまう。そのため甲府盆地のほとんどが荒れ果てた状態であった。洪水や干ばつで荒れていた甲府盆地で大規模な土地改良がなされたのが、今から460年以上前の1560年である。武田信玄の指揮のもと行われた治水事業である。甲府盆地西部の御勅使川と釜無川の広域治水事業となった信玄堤の開発は、洪水から甲府盆地を守ると同時に水田開発も行っていたのである。御勅使川と釜無川の氾濫を軽減させることで手に入れた広大な土地（現在の甲斐市南部、昭和町、中央市）に水田を開拓することで、甲斐国の米の収量は信玄堤ができる前の3倍にも増加されたといわれている。

　その後、江戸時代には現在の韮崎市から富士川町の鰍沢までの約17kmの農業用水路を開拓するという灌漑事業が、江戸の商人「徳島兵左衛門」によって計画され1665年に工事が始められた。1670年にはこの工事は完了し、甲府盆地の西部の広い範囲で水田が新たに開発された。

　さらに戦後の1969年には笛吹川の水害の防止と、水利用による流域の住み良い豊かな暮らしを目標とした「笛吹川総合開発事業」が進められ、貯水量が県内最大となる広瀬ダムが配備された。このダムは洪水調整だけでなく、農業用水や生活用水

（上水道）、発電の多岐にわたる目的で機能している。その一つである農業用水利用については、笛吹川の右岸側（川の下流を向いて右側）の地域ではダムから笛吹市春日居までの11km、左岸側においては市川三郷町までの37kmを管路でつなぎ、最大で1秒間に3.5トンの水を4,145ヘクタールの農地のスプリンクラーへ配水している。

　その他、江戸時代から続く北杜市の三分一湧水は、八ヶ岳の麓の湧水を6つの村と3地区に過不足なく分け合う施設として有名であり、限られた水資源を大切に使っていたことが想像できる。このように、大小多くの灌漑事業により山梨の農業はしだいに豊かになり、現在では、もも、すもも、ぶどうの生産量が日本一である。また、山間地域の湧水や渓流水を利用したニジマスやヤマメの養殖が古くから行われてきた。近年では、山梨県水産技術センターでキングサーモンとニジマスの交配により開発された山梨県オリジナルの魚「富士の介」も生産も始まり、山梨県における水産業もブランド化されつつある。

　第2次産業である製造業をみると、山梨では精密機械産業が発達している。工業用水はその多くが地下水を利用している。精密機械の製造には良質な水質を必要とすることから、良質地下水が工場の敷地内で確保できることも、こうした産業が根付いた要因として考えられる。

　第3次産業である観光では、山梨県内の全域に見られる温泉がとても重要な水資源と捉えることができる。山梨県内にある源泉は300を越え、県民が日常で利用できる温泉施設から、高齢者施設、病院、旅館・ホテルまで多くの人に利用されている。山梨の温泉は数だけでなく、その泉質も豊かである。環境省が定める10の泉質（単純温泉、塩化物泉、炭酸水素塩泉、硫酸塩泉、二酸化炭素泉、含鉄泉、酸性泉、含よう素泉、硫黄泉、放射能泉）のうち含よう素泉だけを除き9つの泉質が山梨県で楽しめるのである。半径40km程度の地域で泉質がこれだけのバリエーションを有するのは、山梨の地形や地質が複雑であることが密接に関係していて、全国的に見ても珍しい。また歴史も長い。早川町にある慶雲館は世界最古の宿としてギネス認定されている。その起源は慶雲2年（西暦705年）にさかのぼり、開湯以来1300年以上にわたり一度も枯れることなく湧出しているとされている。このように、山梨の温泉は歴史や泉質共に恵まれ地域の観光業、医療・福祉、地域の人々の癒しの場を提

供している。

　以上のように、治水や灌漑事業、温泉開発などを経て山梨県の豊かな水資源が地域の産業を支えている。一方、産業で水が利用されていると「地域の水が枯れてしまうのではないか?」と心配する人も少なくはないだろう。ここで、私たちの周りの産業や生活用水で使われる水の量について見てみよう。**図6**に山梨県において1年間に使われる農業用水、生活用水、工業用水およびこれら3つの合計を示す。

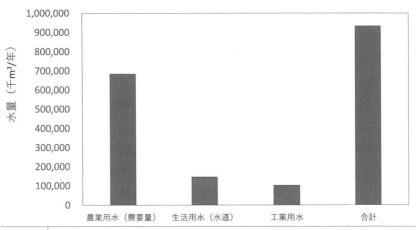

図6　｜　山梨県における水の利用および需要の量

　この図を見て工業用水が少ないことに驚かれる方もいるかもしれない。よく市民講演等で「最も水を消費している産業は何か?」と聞くと、過半数程度の方が「工業」と答える。「工場は水をたくさん使う」「工場は地下水を枯らす」というイメージをお持ちの方が多い。たしかに、工場で過剰に水を使うと周辺の地下水が低下する。高度経済成長期の初期には日本中で多くの工場が無計画に地下水を汲み上げていた。その結果、多くの地域で地下水の減少やそれに伴う地盤沈下が観測され社会問題となった。東京の板橋区、江東区、墨田区など工業が盛んであった地域では30m以上も地下水の水位が低下したという記録がある。この時の印象が強いのではないだろうか。しかし、1950～1960年代には地下水の取水規制の骨格をなす「工業用水法（1956年）」を始め、地下水利用に関する法律や条例が各所で制定され、地下水の低下や地盤沈下は沈静化・終息している。

　山梨県の地下水の状態は、過去30年間一定か、むしろ微増傾向にある。これは工業での節水技術の発展や再利用（回収）の促進のほか、工場の海外移転に伴う地下水利用の低下が原因と考えられる。最も水を消費するのは、広大な面積に散布される農業用水なのである。世界的に見ても農業は最も水を必要としており、水不足により十分な農業が的ない地域が多く存在している。山梨県が農業を行えるのは、灌漑事業を行なった先人の努力と豊かな水資源に支えられているためである。

　農業の次に水を使っているのは、私たちが毎日利用する水道水なのである。ここで、山梨県民がどの程度水道水を使っているか見てみる。山梨県における1人当たりの1日の水道使用量は330リットル程度である。東京都水道局の報告によると東京都民の水道使用量は1人1日で250リットル程度とされているため、山梨県の人は東京都民に比べ80リットル近く多くの水を使っている。このように地域の水資源を贅沢につかえる山梨県は、自然資源に恵まれた地域といえる。

参考文献

「フォッサマグナ 日本を分断する巨大地溝の正体」藤岡換太郎　講談社

「地学のガイド 山梨県の地質とそのおいたち」田中収　コロナ社

「日本の扇状地」斉藤享治　古今書院

「富士山　地質と変貌」濱野一彦　鹿島出版会

やまなし「水」ブランド戦略（2016）山梨県

やまなしの大観〜「山梨の大観」を活かした美しい県土づくり〜（2014）　山梨県

サントリーミネラルウォーターレポート　https://www.suntory.co.jp/news/2012/11487.html（2022年5月閲覧）

ミネラルウォーター類（容器入り飲用水）の品質表示ガイドライン（1995改定）食品流通局長通達 7食流第398号

安原正也（2003）地質ニュース，590, 31-39.

戸崎裕貴，浅井和由（2017）地学雑誌，126, 1, 89-104.

厚生労働省　水質基準項目と基準値（51項目）　https://www.mhlw.go.jp/stf/seisakunitsuite/bunya/topics/bukyoku/kenkou/suido/kijun/kijunchi.html　（2022年5月閲覧）

甲府盆地の地下構造調査（2004）山梨県

佐藤興平，柴田 賢，内海 茂（2015）群馬県立自然史博物館研究報告，19, 95-109.

三村弘二，河内晋平，藤本丑雄，種市瑞穂，日向忠彦，市川重徳，小泉光昭（1982）地学雑誌，88, 8, 653-663.

三村弘二，柴田賢，内海茂（1994）岩鉱，89, 15-20.

山中勝（2005）環境技術，34, 8, 575-579.

山梨県ミネラルウォーター製造管理指導要項（2021 改定）山梨県

中田節也・吉本充宏・藤井敏嗣（2007）先富士火山群.「富士火山」（荒牧重雄・藤井敏嗣・中田節也・宮地直道編），山梨 県環境科学研究所，69-77.

土隆一（2017）地学雑誌，126, 1, 33-42.

日本ミネラルウォーター協会　統計資料　https://minekyo.net/publics/index/5（2022 年 5 月閲覧）

令和 3 年度やまなしの「水」に関する意識調査　結果報告書（2021）山梨県

Adhikari, D.P.（2014）Journal of Institute of Science and Technology, 19, 1, 96-10.

USGS Hardness of Water https://www.usgs.gov/special-topics/water-science-school/science/hardness-water（2022 年 5 月閲覧）

Yasuto Itoh, Osamu Takano and Reishi Takashima（2016）Dynamics of Arc Migration and Amalgamation, doi: 10.5772/67358

本著を読む視点と本著からの展開の視点

～「豊かな地方」の再確認～

1 | 本著の意義

1.1 | 「山梨ならではの豊かさ」の意味

　本著のタイトル「山梨ならではの豊かさ」には、熱き思いが込められている。山梨を素材にしているが、山梨が唯一素晴らしい地域ということを強調したいわけではない。また、山梨を含めた地方は、東京（を含む大都市）に劣っているので追いつくことを目指すわけでもない。

　タイトルに込められた思想は、「山梨を含めた地方は、もともと豊かなことの認識と実践である」。このテーゼ（命題）には、少なくとも2つの含意がある。結論を先取りすることになるが説明しておきたい。その「地方」と「豊かさ」についてである。

　地方について、行政区をイメージする地方の重層性を考慮している。山梨を行政区で捉えれば、山梨県もあれば市町村もある。それだけではない。行政区である県や市町村それぞれは行政（首長等＝執行機関）を想定することが一般的である。しかし、それぞれの自治体は、住民、議会・議員、そして首長等によって構成されていることを再確認したい。つまり、自治体は、行政だけで構成されているわけではない。中央集権制の時代にしみ込んだ志向を払しょくしなければならない。都道府県、そして市町村は、行政あるいは庁舎（県庁、市庁舎、役場）を指すのではない。

　地方についてのもう1つは、地方は生きた「心身統一体」＝地理的文化的条件の総体（総体としての地方）であることである。地方は、地理的文化的条件に規定された生活形態（心身統一体）である。心＝文化的条件である経済（観光、農業、研究所等）、社会（自治会・町内会、無尽・講、コミュニケーション等）、政治・行政（二元的代表制の作動、住民参加の充実度、行政の効率性等）、そしてそれらを繋

ぐ交通など、身＝地理的条件である自然（国立公園、国定公園（温泉、水等の豊かさ））を想定している。人口、年代別構成、性別構成はそれらに規定される一方でそれらを規定する。まさに地方は、住民の生活形態の総体であり、その総体によって地方への愛着が住民に生まれる。これはソーシャル・キャピタルと連結する。

　その際、心と身は密接に関連し、「身」が「心」の産業や文化を規定するし、逆も真である。心身統一体の提起で、もう1つ注意していただきたいのは、人口や高齢化比率だけで地方は評価できない。これは生産出荷額だけで地方を測ることができないのと同様である。総体として地方を捉える視点が必要である。

　この心身統一体は、完結（自足）しているわけではない。地方という心身統一体の要素は、その他の心身統一体の要素と関連があるし、心身統一体の全体も同様である。「＜地域〔本章では地方──引用者注〕＞は他の世界から切り離された孤立系として自存する単位ではない」（玉野井・清成・中村編 1973:iv）。この広がりは、世界とはもちろん宇宙とも関連している。飽くなき欲求が地球環境の破壊を招くことも視野に入れる。

　前述したテーゼのもう1つの地方の「豊かさ」についてである。「自治体消滅」（増田寛也）は衝撃的であった。たしかに、日本は人口減少に突入し、一般的には農山村は極端な人口減少・高齢化が進行した。一方で、農山村は、「消滅しない」、「どっこい生きている」（小田切徳美）。そもそも、国土計画は、大都市を除く地方を「遅れた地域」と規定し、大都市に追いつき型の施策（外来型開発論）＝国土の均衡ある発展論から1990年代には離脱しようとしていた。地方分権改革と環境を重視した地域づくり論の台頭である。大都市を除く地方は独自の地域づくりを推進する方向に舵を切る。新型コロナウイルス感染拡大により、この新たな方向はより現実味を帯びてきた。田園回帰は、単に地方への人口移動だけにとどまらない。心身統一体である地方の再発見である。

1.2 ｜ タイトルのもう1つの意味：開放的内発的発展の創造

　「山梨ならではの豊かさ」の含意をこのように考えれば、今後の地方は外来型開発（企業誘致優先、補助金依存）ではなく、内発的発展の視点と実践が求められる。それは、後述するように、地方の文化・歴史を踏まえつつ産業連関を意識して、住

民による地域経営を行うために地方分権と住民自治を希求する。

　従来の内発的発展論に、少なくとも次の3つを加味する。1つは、閉鎖性ではない開放性である。開放型内発的発展論である。関係人口が重視される。その人口を地域経営の担い手として想定している。また今日、公共サービスの担い手は当該自治体の行政だけではなく、当該自治体の住民、NPO・企業などとともに、広域行政が必要となっている。

　もう1つは、主体形成の主題化である。縮小社会を迎えた日本にとって住民、議会・議員、首長等、そして外部アクターによる総力戦で臨むことが不可欠である。住民が行政に対して要望するという従来の一般的な図式ではなく、住民が議員や首長等と協働して取り組む地域づくりを模索する。これら三者による討議空間がフォーラムとしての議会である。

　そして、もう1つは地域経営にとっての「希望」（地域の希望）の必要性である。人口減少・高齢化の進展には、住民、議員、首長等の総力戦によって取り組まなければならない。内発的発展論の住民自治の要素のバージョンアップである。新たなビジョン形成でも、実践でも総力戦が不可欠である。単なる地域の衰退をイメージするわけではない。そのビジョンは、地域に根差しその歴史文化を活かしたものとなる。したがって、空想ではない。

　ここで考える希望は、住民による地域の希望である。「社会的な希望（social hope）とは、他の誰か（others）と、希望を共有しようとすること。他者と共有する何かを一緒に行動して実現しようとすること。」に通底する（玄田 2010:48）。〝Social Hope is a Wish for Something to Come True by Action with Others〟地域の希望の特徴は、お互いの顔が見え「一人一人の言葉を直接に聞きあえる関係を築けるか」にかかっている（玄田 2010：178）。それには討議の重要性と、それにもとづく地域ビジョンの形成が不可欠である。ここでいう地域ビジョンは、修正や挫折を踏まえた物語である。その物語は、既存の趨勢だけではなく未来形成的なものである

＊1　with Others の代わりに each others を置くことで「納得がいくまで対話を繰り返し、お互い（each other）が尊重されていることを確かめあう。そして実現に向かうとともに試行錯誤をくりかえしながら、進んでいく。それが、希望の『社会化』となるという指摘も同様に重要である（玄田 2010：48）。

必要がある。中央省庁が打ち出す政策をうのみにする「ビジョン」とはまったく異なる。閉塞感が蔓延している時代に、まさに地域の希望を提起する必要がある。現状を踏まえたバックキャスティングによる希望のビジョン形成である。その際、「希望」は欲望の集積ではなく、基本的人権の充実とともに、世界環境破壊の防波堤となる。

　これら3つは、住民自治、地域民主主義のバージョンアップにつながる。DX（デジタル・トランスフォーメーション）やグローバリゼーションも視野に入る。これは、SDGsの思想と実践と軌を一にしている。

1.3 ｜ 本章の課題

　ここまで、本著のタイトルに込められた「山梨を含めた地方は、もともと豊かなことの認識と実践である」というテーゼを解読してきた。より詳細に確認することで、その意味を豊富にしたい。そのために、次の3つの課題を設定している。

　第一には、「地方」の意味転換を確認することである。地方を大都市と比較して「遅れた地域」とみなし、大都市に追いつき追い越せ（キャッチアップ）を目指す国土の均衡ある発展論からの離脱とその意味転換を探る。地方の豊かさを発見する視点と実践が確認できる。それはまさに「課題地域」から「価値地域」への転換である。

　第二には、豊かさを発見し、それを資源とした地域経営を行うために、開放型内発的発展論を探る。それにより地方を生きた心身統一体として捉えることにつながる。そのために内発的発展論の展開の開放型内発的発展論の理論と実際を把握する。本章で提起する開放型内発的発展論の豊富化は、開放性だけではない。開放型内発的発展の主体として、住民、議会・議員、首長等を想定している。縮小社会においてシビル・ミニマム論の再生を図りながら、シビル・ミニマムに内包しいる住民像を転換させる。行政に要望する住民（市民）ではなく、議員・議会、行政と協働する住民（市民）への転換である。もう1つの内発的発展論の豊富化は、地域ビジョンにおける希望の選択である。縮小社会は衰退社会ではない。内発的発展は、地域の歴史・文化に根差した新たなビジョンに基づいている。そのビジョン形成には、フォアキャスティング思考とともにバックキャスティング思考が重要である。希望の地域ビジョンと連結する。総力戦による着実な地域形成である。

　それらの理論的視座の確認を踏まえて、第三には、「山梨ならではの豊かさ」の

意義の再確認、つまりその射程と課題を検討する。本書は、「山梨ならではの豊かさ」を追及するために、「豊かさ」の象徴をクローズアップしている。その意義はあるものの、課題はある。今後の研究のために、その課題を確認したい。

本章のタイトル「本著を読む視点と本著からの展開の視点」のうち「本著を読む視点」は上記課題の前二者（本章第1節〜第5節）と、「本著からの展開の視点」は最後の課題（第6節）と関連している。

2 | 「問題地域」から「価値地域」への地方の意味転換

地方について、人口減少・高齢化の深刻化による「自治体消滅」といった衝撃的評価が広がっている。その一方で、地方を重視する田園回帰の進展、ロシアによるウクライナ侵攻を踏まえた食糧安全保障論の台頭からも地方の重要性は脚光を浴びている。

こうしたアンビバレントな（相反する）評価をどう考えたらいいか。すでに地方への評価についての意味転換が行われていた。遅れた地方から「豊かな」地方への意味転換である。それは、地方の輝く資源と捉え、田園回帰や食料安全保障論と結びつく。一方、人口減・高齢化の高度化だけを捉え、相変わらず都市に追いつき追い越せの発想を継続させる議論もある。これは、「自治体消滅」論を踏まえた地域間競争と連結する。

「遅れた」から「豊かな」という地方への意味転換は、1990年代にはじまった。この時代は、中央集権制からの転換が目指された。中央集権制の要素である権限（地方分権改革、規制緩和改革）、一党優位政党制（政治改革）、空間（首都機能移転）の転換が提起され一部は実現している（江藤 1996a）。ほぼ1990年代である。1990年代には、これらと重なるように「地方」への眼差しが転換している。

「単なる経済発展のための『開発』から、自然とのよりよい共存や国土の質的向上を重視したものへと『開発』重点が移ってきている」。「地域の個性、多様性が求められているなかで、国主導の地域開発の時代から地域が自らの選択と責任で地域づくりを行うことが要請される時代に移行しており、これを踏まえて、国と地方の役割

分担を明確化する必要がある」。「これからの国土づくりにおいては国内的視点のみ
ではなく、地球的視点が求められており、我が国の発展のみを目指すのではなく、地
球環境問題の解決への貢献や世界、特にアジアとの交流、連携等を通じて世界との
共生に資する国土づくりを行うことが重要となっている」。「これからは国や地域といっ
た視点のみではなく、個人の生活の視点も加えて『開発』の課題を設定することが
重要であり、特に、人々の価値観が多様化するなかで豊かさを実感できる生活を実
現していくためには、価値観に応じた暮らしの選択可能性の拡大が重要な課題であ
ろう」。

　この文章は、地域開発を主導してきた国土庁が 1995 年に発表したものである（国
土庁計画・調整局『21 世紀の国土のグランドデザイン』1995 年）。従来の開発は「こ
れまでの全総計画」と一括して総括され、この下での「開発」とこれからの開発と
の対比が明瞭にされている[*2]。中央政府、その中でも国土庁が開発の理念や主体、
そして視点の変化を明確にしたことに、地域開発の変化が読みとれる[*3]。

　全総（全国総合開発計画）は、1962 年に最初の計画が策定されて以来、第四
次まで三度の改定（『21 世紀の国土のグランドデザイン』を含めれば四度）を経て
いる。全総は、国土総合開発法からなんと 12 年経てやっと策定されたものであり、
その策定の要因ともなったのが高度経済成長である。最初の全総は、「『国民所得
倍増計画』および『国民所得倍増計画の構想』に即」するように策定されているこ

*2　全総は、たしかに全国レベルのものであり地域開発にとっては重要なものといえる。
　　しかし全総策定以後の現実は、特徴の１つである高度経済成長を促したが、もう１つの
　　特徴である「国土の均衡ある発展」については、むしろ国土構造の歪みを生じさせたと
　　いえる。全総の目的と現実とのこのギャップについて、別の意図を読み取る論者もいる。
　　「『国土の均衡ある発展』計画は、均衡を求めるつもりはなく、それを行う姿勢をみせる
　　ことに意義があったのではないかという疑問がわく。つまりは、自民党政府の国民に対
　　する『プロパガンダとしての国土計画』、地方住民の不満を解消するために『イデオロギー
　　としての国土計画』、さらには精一杯取り組んだが阻止できなかったことをおわびする
　　『アポロギー（弁解・おわび）としての国土計画』であったのではなかったか、という疑念」
　　を提示する論者もいる（北原 1994：303）。
　　　たしかに、「姿勢」を見せるという意義もあろう。しかし、全総策定以後の地域開発は、
　　常に全総を意識して計画され遂行されてきた。地域開発の転換期にある現在、再度全総
　　を含めた地域開発の論理と現実とを直視することが重要である。
*3　地域開発の基本とされていた第一次から第四次にいたる全国総合開発計画（全総）に
　　対する疑問が中央政府自身から提起され「国土政策をめぐる大きな条件変化に対応して、
　　これまでの全総計画の単なる継続ではない新しい理念に基づいた国土計画の策定が必要
　　である」との提言が打ち出された（国土審議会調査部会報告、1994 年）。

とに見られるとおり、全総の特徴の一つは経済成長を促進するものである。また、四次にわたる全総の「共通の課題」は、人口や諸機能の特定地域への過度の集中や、所得の地域間格差といった状況を是正することであった。つまり、全総全体のもう1つの特徴は「格差是正」「国土の均衡ある発展」を目指すことであった。[*4]

　これからの転換が具体化されていく。『21世紀の国土のグランドデザイン』以降、特に『第2次国土形成計画』〔2016年─引用者注〕で明確になるのは、「『個性』『自立』『持続可能性』という『価値地域問題』を象徴する言葉の比重が増える」（小田切編　2022：219（小田切執筆部分））。過疎地域自立促進特別措置法（2000年過疎法）でも「美しい景観の整備、地域文化の振興等を図ることにより、個性豊かな地域社会を形成すること」が挿入された（第1条第4項）。

　まさに、「『課題地域』から持続的農村発展を意識した『価値地域』への転換」である（小田切編　2022：218（小田切執筆部分））。地方は、いままで大都市と比べて遅れた「問題地域」として把握され、大都市に追いつき追い越せの「都市化」が目指されていた。それが、新たな地方価値を守り発展させることに転換した。いわば「価値地域」である。地方の「都市化」ではなく「地域化（農村化）」が目指される。

3 ｜ 開放型内発的発展の論理

3.1 ｜ 内発的発展論の地平

　従来型地域開発は、外来型開発であり住民が意思決定に参加しにくいところにその特徴を見いだすことができる。結果は、誘致に成功したところでもあるいは失敗したところでも自治体の財政危機や地域の疲弊をもたらすものが多かった。

＊4　第一次から第四次までの全総それぞれには特色はある。全総の開発方式は第一次から順に、点（拠点開発方式）、線（大規模プロジェクト）、面（定住構想）そしてピラミッド（交流ネットワーク構想）であり異っている。また、開発に対するトーンの相違もある。三全総では「都市の限界」が提起され、全総史上はじめて遷都論が検討に上った。四全総になると逆に、「大都市圏対地方」といった従来の構図を転換させ「東京対その他」の構図を前提に、一方では多極分散は提起するものの、他方では東京を「世界都市東京」として再編させることを強調していた。

　こうした外来型開発からのオルタナティブが地域で実際に模索されてきている。外来型開発を論理的実証的に批判してきた宮本憲一は、外来型開発にとって代わる開発の論理を内発的発展と呼びその原則を明確にしている。内発的発展とは「地域の企業・組合などの団体や個人が自発的な学習により計画を立て、自主的な技術開発をもとにして、地域の環境を保全しつつ資源を合理的に利用し、その文化に根ざした経済発展をしながら、地方自治体の手で住民福祉を向上させていくような地域開発」のことである。内発的発展の原則として次の四点があげられている（宮本1989：296 - 303）。

① 　地域が主体　「地域開発が大企業や政府の事業としてではなく、地元の技術・産業・文化を土台にして、地域内の市場を主な対象として地域の住民が学習し計画し経営するもの」

② 　環境保全と人権の確立　「環境保全の枠の中で開発を考え、自然の保全や美しい町並みをつくるというアメニティを中心の目的とし、福祉や文化が向上するような総合され、なによりも地元住民の人権の確立をもとめる総合目的をもっていること」

③ 　地域産業連関の形成　「産業開発を特定事業に限定せず複雑な産業部門にわたるようにして、付加価値があらゆる段階で地元に帰属するような地域産業連関をはかること」

④ 　住民参加と自治権の確立　「住民参加の制度をつくり、自治体が住民の意志を体して、その計画にのるように資本や土地利用を規制しうる自治権をもつこと」

　内発的発展論において、地域外の資本や企業に頼るのではなく、第一義的には地元の資源（自然・文化・歴史・産業）に基づき、住民の積極的な意思決定への参加が提起される。内発的発展は地域性を重視することからその発展方向はさまざまである。しかも、内発的発展は万能なものでもない。自治体の規制の下で他地域の資本を誘致する場合、その条件や規制についても検討の余地はある。さらに内発的発展の成功例は主に農村部であったため、大都市部の内発的発展のイメージが形成されていなかった。さらに、内発的発展論の立場からの都市と農村との関係は具体的には提起されていない。しかし、外来型開発が行き詰まり、その継続ではもはや新たな地域は疲弊することが明確になっている状況では、さまざまな地域で内発

的発展の模索を試みる必要があるし、すでに実践されている。

3.2 内発的発展論の「開放性」

内発的発展論は、外部の企業誘致を中核とする外来型開発の対抗軸として形成された。それゆえ、閉鎖性を目的としていないとはいえ自治体内部の循環を強調する。しかし、今日外部との連携の視点も必要になっている。関係人口や広域行政などを想定してよい。なお、内発的発展論の深化は、開放性だけではない。地域化の深化でもある。とりわけ、産業連関の必要性は、今日再認識されている。そこで、内発的発展論の進化を3つの要素として確認しておきたい。DXは、これらを推進する。

① 外部人材＝関係人口への着目

外部からの「交流」は、今日「関係人口」と呼ばれ、着目されている。人口減少の中で「移住」を目指す思考とも連動している。無関係人口（無関心・無関与）から、関心・関与が高まれば「かかわりの階段」を上がる。「特産品の購入」「寄付（ふるさと納税）」「頻繁な訪問」「二地域居住」を経て「移住」に至る階段である。開放型内発的発展論の要素である。

岐阜県飛騨市は、「関係人口は、移住しない、移住したくない層が圧倒的に多い」と追う認識に基づき、関係人口ではなく、関心人口、交流人口（10%）、行動人口（1～3%）を区分している。飛騨ファンクラブを結成し、行動人口の創出を図っている。また、「飛騨市民の様々な『困りごと』に全国の皆さんから『お助け』をしていただくことで、地域の交流と"お互いさま"の支え合いをつくるプロジェクト」である「ヒダスケ」を創出している。たとえば、人口減少・高齢化が深刻な地区（種蔵村）での外部の人々による水田やみょうが畑の支援がある。この種蔵村は、外部の人々とともに、架空な村を創出している（村長、教育長等、及び議会も設置）。今日、これ以外にも多様な実践が試みられている。

こうした動向を視野に入れれば、関係人口が地域づくりの主体になる制度を構築すべきである。飛騨ファンクラブや「ヒダスケ」などの意見交換会、あるいは種蔵村「議会」などはその例である。また、行政に設置される審議会に関係人口を参加してもらうことや、関係人口と議会との意見交換会、さらに関係人口によって構成される「関係人口議会」（プラットフォーム）の設置も想定してよい。

　なお、メタバースを活用し関係人口の積極的な参加を促している試みも広がっている（たとえば、NPO 法人バーチャルライツ）。政策提言にあたって、いままで参加が少なかった「若者」や「地方在住者」の参加を促す。「生物学的性差や外見にとらわれない」討議と提案が可能となる。また、新潟県長岡市の山古志地域（旧・山古志村）では、特産の「錦鯉」を描いたデジタルアートを NFT 化して販売し、購入者は「デジタル村民」になれる。この村民には「デジタル住民票」が発行され、これにより地域活性化のプロジェクト会議への出席や、「デジタル村民選挙」での投票ができる。すでにリアル村民数を超えるデジタル村民がいる。こうしたバーチャル空間を創出した関係人口を取り込む手法の開発も重要である。

② 開放的自治体へ

　地域課題には、当該自治体を超えた課題も多い。もちろん従来もそのような課題を地域連携によって解決してきた。委託、共同設置等だけではなく、特別地方公共団体（一部事務組合・広域連合）の設置などを想定するとよい。今日、今まで以上に当該自治体を超えた地域課題が浮上している。

　定住自立圏、連携中枢都市圏構想など新たな制度が生まれている。そして、今日議論されている地方交付税の交付対象となる「圏域」の構想は、総務省「自治体戦略 2040 構想研究会」などで議論されたものである。

　行政改革の意味転換も行われている。議会・議員は、こうした自治体間連携にも関心を持ち、併せて監視や政策提言を行う必要がある。

　自治体間連携の重要性は浮上しているが、それは行政レベルでの制度化と運用に限られる。これらの自治体間連携、いわば広域連携には、これまで議会が主体的にかかわることはなかった。地域課題が密接に広域化されているとすれば、その動向に議会が積極的にかかわる必要がある。そのためには、選挙の際にこの自治体間連携が争点化される必要があり、住民自身がこのことを理解する契機にもなる。選挙においては、これらの自治体間連携の制度化も重要な争点となる。これに住民や議会の充実した参加も必要である。

　なお、広域行政といえば、隣接自治体を想定しやすいが、関係人口の充実を念頭におけば、姉妹自治体との連携自治も視野に入る。

③ 産業連関とエネルギーの地域化

　内発的発展論は、「一村一品」政策の問題を指摘して豊富化された。一品では他地域が競合すれば立ちいかなくなる可能性とともに、付加価値を創り出せないからである。今日、六次産業が重視されているが、産業連関の1つの手法である。

　また、エネルギーの域内生産も重視される。岡山県真庭市の「真庭バイオマス発電所」や長野県飯田市の「環境モデル都市」の実践などが広がっている。ゼロ・エミッションの施策とも合致している。

4 ｜ 地域経営の主体形成論としての新シビル・ミニマム

4.1 ｜ 新シビル・ミニマムの射程

　これまで、開放型内発的発展論の重要性を指摘した。縮小社会には総力戦が不可欠である。したがって、地域経営の主体形成論のバージョンアップが必要である。従来の内発的発展論の中にも分権と自治、住民参加の視点はあった。ここでは、今日の縮小社会の総力戦の主体形成を考えよう。本章では、松下圭一のシビル・ミニマムを手掛かりにして（松下 1971）、新（シン）シビル・ミニマムを提起する。シビル・ミニマムを手掛かりにするのは、地域づくりの方向と主体が明確にされているからである。奇異に感じるかもしれない。高度経済成長・人口増とはまったく異なる今日の状況から地域づくりを考える。社会資本等の縮小が主題化される時代の地域づくりのヒントをえることができる。また、今日限られた資源という状況で、住民は行政に要望するだけの主体にとどまることも許されない。住民の主体の性格の変化を時代状況の変化を踏まえて考えるヒントにもなる（内包されていた討議の意味を浮上させることにもなる）。

　新（シン）を付加しているのは、いくつかの理由がある。そして、後述するようにSDGs（Sustainable Development Goals）を視野に入れたシビル・ミニマムである。

　1つは、全国の都市化を前提にしていない。都市的要素の広がりは理解しつつも、すでに指摘したように、地方の「都市化」から「地域化（農村化）」、つまり地域化を肯定する。その上での地域間連携を重視する。

　もう1つは、縮小社会ではシビル・ミニマムでは、社会資本等の縮小、あるいは負

担増が想定されるが、けっして「後ろ向き」の議論ではない。「地域化」は地域資
源の発見の旅でもある。そこにシビル・ミニマムの弱点である産業政策を含みこむ必
要がある。

　そして、もう1つは、主体として行政に要望する住民だけを想定しているわけではな
い。地域経営を担う主体としての住民を想定している。つまり、住民、議会・議員、
首長等による三者の総力戦を担う住民である。したがって、住民は、個人化されて
いない。しかも、後述するように、その課題を解決するのは「世界市民」の感覚を
有する住民、議員、首長等が不可欠である。

　これら、「新（シン）」への含意には、フォアキャスティング思考だけではなく、バッ
クキャスティング思考が必要である。住民、議会・議員、首長等の総力戦により地域
経営の未来像を設定し実践する。節を改めて検討しよう。

4.2 ｜ 現代の課題に対応するための新シビル・ミニマム
4.2.1　縮小社会への対応を争点に：シビル・ミニマム再考

　縮小社会に向かう時代が到来している。人口ビジョン・地方版総合戦略や公共施
設等総合管理計画が各自治体で策定されている。もちろん、これらの策定は中央集
権の強化に連なる方向ではある。この手法の問題を意識しつつ、縮小社会を意識し
た地域経営が求められている。拡大志向、社会資本の充実を目指した高度経済成
長期とは全く異なる争点が浮上する。もちろん、保育園充実要望のような高度経済
成長期と同様な分野もある。極めて単純化していることには留意していただきたいし、
財政投下の優先順位をめぐって住民を含めて考える重要性を強調したい。

　1960年代〜1970年代のシビル・ミニマムを再考することになる（松下1971a）。
拡大期のシビル・ミニマムは社会資本拡充運動等によって実現に動き出した。それに
対して、今日は、社会資本の統廃合を念頭にシビル・ミニマムの水準を確定すること
が課題となる。もともとシビル・ミニマムは討議の広場を伴っていた。今日のシビル・ミ
ニマムはそれを引き継ぐとともに、協働も広がっている。これらを組み込みながらシビル・
ミニマムの確定を行うことになる。そこで、議会・議員がその確定に積極的にかかわ
る必要がある。そのためには、選挙の際にこのシビル・ミニマムが争点化される必要
があり、住民自身がこのことを理解する契機にもなる。

　シビル・ミニマムは、科学的な数値化によって導き出されるものではない。住民、議員・会派、首長等による討議を経た合意によって生み出されるものである。つまり、シビル・ミニマムは、討議による成果であり（千葉 1995）、マニフェストはその素材となる。

4.2.2　＜地球＝地域＞課題を視野に入れた新シビル・ミニマムのもう1つの課題

　シビル・ミニマムというと国内の1つの自治体を対象とすること、そして都市で生活を行うための最低限の生活環境を念頭にその水準までそれを向上させることをイメージしている。本章では、それをより豊富化したい。1つは、ミニマムの公準の要素を拡大するとともに、生活環境から生じる環境破壊を視野に入れて生活スタイルのミニマム化を意図することである。これは次の2点目に大いに関連する。つまり、世界の公準を視野に入れてそれぞれの自治体の公準を確定することである。世界規模の議論を視野に入れ心身統一体としての地方の性格の変革を進める。

　この思考は、K・ラワースが提唱する「ドーナツ経済」と密接に関連している。ドー

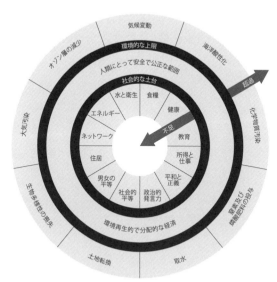

注：人類の幸福の社会的土台と地球の環境的な上限のあいだが、人類にとってもっとも安全で公正な範囲になる。
出所：Raworth（2017＝2021:69）

図1　｜　ドーナツ——21 世紀のコンパス

ナツの身の部分が「人間にとって安全で公正な範囲」であり、その内側には「飢餓や文盲など、人類の窮乏の問題が横たわっている」。「社会的な土台」の最低限保障が境になっている。外側には「気候変動や生物多様性の喪失など、危険な地球環境の悪化がある」。「環境的な上限」が境になっている（Raworth 2017=2021：22）。

　新シビル・ミニマムは、この2つの境界を設定するためにも役立つ発想である。1つの境界である「社会的な土台」は、生活の基本となる。基本項目は12あり、十分な食料、上下水道と精製設備、エネルギーの利用（空気を汚さない調理整備）、教育、医療、人間にふさわしい住居、最低限の所得と人間らしい仕事、情報通信と社会的な支援のネットワーク、男女の平等、社会的平等、政治的発言力、平和と正義が含まれる。このうち、「十分な食料、上下水道と精製設備、エネルギーの利用（空気を汚さない調理整備）、教育、医療、人間にふさわしい住居、最低限の所得と人間らしい仕事」、はシビル・ミニマムの豊富化であるが、それ以外の「情報通信と社会的な支援のネットワーク、男女の平等、社会的平等、政治的発言力、平和と正義」は、さらなるシビル・マキシマム（「人間にとって安全で公正な範囲」の最大化）を目指す要素である。どちらも、基本的人権の豊富化に含まれる。

　もう1つの境界である「環境的な上限」の線を考える場合、「過去10万年の地球の歴史を振り返りつつ」、9つの基本項目が想定される。気候変動、窒素及びリン酸肥料の投与、土地転換、生物多様性の喪失（以上「環境線の外」）、化学物質汚染、大気汚染（以上「数値化されていない環境線」）、海洋酸性化、取水、オゾン層の減少、が含まれている。これらはすべて新シビル・ミニマムの要素となる。これ以上は、シビル・ミニマムが達成されれば民間に委ねるというものではなく、これ以上は「人間にとって安全で公正な範囲」の破壊、つまりシビル・マキシマム（最大値）なのである。それを超えては、「人間にとって安全」は保障されない。基本的人権の豊富化以前に、人間の存在保障そのものである。

　これら2つの境界線を意識しつつ、「人間にとって安全で公正な範囲」である生活条件を創り出すことが課題となる。縮小社会におけるシビル・ミニマムにも、2つの境を超えない「人間にとって安全で公正な範囲」を設定する必要があることである。都市的生活を超えたその範囲を確定するミニマム（公準）である。3つ留意していただ

きたい。

　1つは、新シビル・ミニマムは軌道修正、生活スタイルの転換の突破口になることである。自分が社会的土台と環境的な上限に対して与えている影響を普段の生活によってどう変えているかを常に意識する。その突破口に自治体の公準である新シビル・ミニマムは有効である。住民がその設定にかかわり「自分事」として理解するとともに、身近であることで可視化も達成できる。「南アフリカ共和国のコクスタッド（クワズール・ナタール州でもっとも急速に発展している都市）では、自治体が都市計画者や地域社会のグループとともに、ドーナツを使って、持続可能で平等な都市の将来像を描き出している」。中央政府や企業の行動も重要ではあるが、基礎的自治体の役割は大いにある（Raworth 2017＝2021:83）。

　もう1つは、個々の公準を切り離さず総体として解決する思考と運動が必要なことである。環境的な上限と社会的な土台のそれぞれの項目1つずつ取り組む視点と実践は理解できるが、「それは失敗の元」である。各項目は、負にも正にも密接に関連している。「どの項目も複雑な社会生態システムの一部として捉える必要があり、あくまで全体の1つとして取り組まなくてはいけない」（Raworth 2017＝2021:76）。この批判は、環境危機の構造、つまり技術的転嫁（技術信仰による生態系の攪乱）、時間的転嫁（矛盾を周辺地域（グローバル・サウス）に移転）、時間的転嫁（大洪水よ、我が亡き後に来たれ）といった構造を把握しない場当たり的な思考や実践の批判に通底する（斎藤 2020：第1章）。そして、政策公準はシビル・ミニマムが重要ではあるが、それだけではない。すでに指摘したように、ラワースによる「人間にとって安全で公正な範囲」は、シビル・ミニマムより広い。[*5]

　そしてもう1つは、新たな生活スタイルを創造する規範である。シビル・ミニマムは「現代における政治ついで科学を貫徹する市民の実践理性――市民理性である」。この市民理性は、生活スタイルの規範であり政策公準である。「明治以来の官僚機構に

＊5　シビル・ミニマムが提起された同時代でも、シビル・ミニマムを超えた政策公準が提起されていた。「いままでの制度で進めばどういうことになるかという『地獄絵』をまずはっきり描く」こと、「公害のような社会的損失を防止し、シビル・ミニマムにもとづく社会的消費を充足するための長期目標を示す」ことである。「この現実と理想の間には大きな谷間がある」。この谷間の端をつなぐのは住民であり、その住民の学習参考書が長期計画である（宮本 1973：233 － 234）。その計画を作成するのは住民である。

よる国家理性、ついで国家理性の推進力となっている企業理性にたいして、市民理性を対置している」（松下　1971b：121）。新シビル・ミニマムには、市民理性を内包した「世界市民」の感覚を有する住民、議員、首長等が不可欠である。

　このドーナツの発想は、シビル・ミニマムと共通する。新シビル・ミニマムは、指標を豊富化するとともに、2つの境界を視野に入れたミニマムを設定する。社会的な土台にまで引き上げるミニマムであり、環境的な上限にとどめるミニマムというまさに2つの意味を有するミニマムである。これらは、基本的人権の豊富化と連動する。

4.3 ｜ 新シビル・ミニマム

4.3.1　討議（熟議）によって設定される公準

　シビル・ミニマムは、「市民生活基準」である。市民の生活権であり、自治体の政策公準である。社会保障・社会資本・社会保健の総合システムとして数量的に指数化される。これは、自然科学的に設定されるものではない。市民（住民）参加と熟議（住民間、住民・議員・首長間）によって設定されるものである。「公共部門の総合化を可能にし、しかも市民の間の自発的な討議や審議や参加を機軸として下からの政策形成の可能性を切り拓いた」（千葉 1995：179）[*6]。まさに、住民が政治・行政に参加し討議空間を創出するプロセスが重要となる。新シビル・ミニマムは、全国一律の都市型社会の発想ではなく、都市と農村を区分し、地方の豊かさを意識して、住民参加と討議によって設定される公準である。その討議は、後述するように、住民と行政だけではなく、住民、議員、首長等の三者による討議空間である。

　なお、「政治や行政における社会工学的発想を重視する論点がみられるが、それは市民の協働に基づく手づくりの地域民主主義の議論とは両立しがたいのではないか」といった指摘もある（千葉 1995：180）。とはいえ、市民参加を強調する松下圭一にとっては、実践的にはいわゆる「革新官僚」に期待を寄せていたと思われるが、テクノクラートによる支配（テクノクラシー）とは異質なものである。新シビル・ミニマムは三者による総力戦により設定され実践される。

*6　シビル・ミニマムの意義はこれにとどまらない。「国のナショナル・ミニマムの改編にも示唆を与える可能性」、および「市民理性」の提起もある（千葉 1995：179）。

4.3.2　新シビル・ミニマムの要素

　新シビル・ミニマムも、すでに指摘したシビル・ミニマムの3つの要素（社会保障・社会資本・社会保健）によって構成される。とはいえ、シビル・ミニマムの設定の時代とは異なる環境を意識することが不可欠である[*7]（**表1**参照）。

　1つは、縮小社会の環境である。拡大志向から縮小志向への転換であり、その環境でのミニマムを探ることである。

　もう1つは、公共サービス供給主体の多様性の環境である。当該自治体はもとより、住民参加・協働により住民、NPO、企業等がかかわる。また、自治体間連携も重要な供給主体となる（市町村間連携、都道府県による補完）。

【シビル・ミニマム（1960年代〜1970年代）】社会資本充実運動	【政治化】政治への関心増加・行政への住民参加→住民の政治的関心向上（投票率上昇）〔行政に要望する住民（citizen）〕
【脱シビル・ミニマム（1980年代〜2000年代）】シビル・ミニマム達成（シビルオプティマム→合意の困難性、民間へ→公的空間の縮少）	【脱政治化】政治への関心希薄・行政改革（民間委託等）→住民の政治的関心減少（投票率下降）〔サービス対象としての住民（consumer, customer）〕
【新シビル・ミニマム（2010年代）】シビル・ミニマムが問われる（公共施設の統廃合）→合意形成による住民自治、非合意による住民間対立の激化か＊新しい（希望の）地域ビジョン	【再政治化】政治への関心増加・議会や行政への住民参加→住民の政治的関心向上（投票率上昇）〔地域づくり（希望の地域ビジョン形成）に議員、首長等と協働する住民（neo-citizen）〕

注1：新シビル・ミニマムの時代は予測。
注2：新しい地域ビジョンは、バックキャスティング思考による「希望」に基づいている（本文後述）。

表1　｜　シビル・ミニマムの変遷

＊7　人口増、豊富な自治体職員を念頭に置いて「サービス水準を政策の出発点にして政策革新を進める」時代から、「自治体職員の仕事の総量に限界があるという点を制度の出発点にする」時代への変化を読み取る指摘と親和性がある（牧原2018）。前者は、シビル・ミニマムと重なる。後者は、政府業務の総量という意味で「ガバメント・マキシマム」を志向するが、この考え方からすると自治体職員が減れば、「ガバメント・マキシマムは減る」。とはいえ、自治体間連携や住民参加・協働により「ガバメント・マキシマムを上回るサービスが可能となる」。「これを地域ガバナンスによる行政サービスの水準という意味で、『ガバナンス・マキシマム』と呼んでいる（牧原2018）。
　こうした議論との親和性はあるが、新シビル・ミニマムとして提案するのは、シビル・ミニマム「達成後」の変化を視野に入れたいためである（民間活力の導入、それによる政治的無関心の増加）。また、サービス供給の主体だけではなく、〈住民参加と討議による公準〉を強調したいためである。ちなみに、行政サービスではなく、住民参加・協働による公共サービスという議論になる。主体形成論を含めるためである。

4.3.3　新シビル・ミニマム設定における議会の役割

　以上の2つのことを考慮すれば、新シビル・ミニマムの設定に当たって議会は重要な役割を果たすことが理解できるであろう。

　1つは、新シビル・ミニマムは「住民参加と討議による公準」であるがゆえに、住民間での討議が不可欠ではあるが、同時に「公開と討議」を存在意義とする議会は、まさにこれを担うことになる。もちろん、議会は住民間の討議を巻き起こす制度設計にもかかわる必要がある。

　もう1つは、縮小社会の公準であるがゆえに議会・議員は、拡大志向の「口利き」ではなく、縮小社会の口利き、いわば「逆口利き」を担う。つまり、現状を住民に説明して討議し、合意を勝ち取る役割である。

　合議体の議会、「公開と討議」の議会は、新シビル・ミニマムの設定と実践にとって重要な役割を担う。

5 | 縮小社会における地域ビジョン形成：
親和性の高いバックキャスティング思考

5.1 | フォアキャスティング思考とバックキャスティング思考

　本章では、地域ビジョンとして「希望」を重視している。この希望は「変化（変革）」を重視するのであって、幸福が「継続」を重視するのとは対照的である。希望の地域ビジョン設定にあたって、継続を前提とした思考ではなく、変化を重視した思考によって地域ビジョンを形成することが必要である。

　今日、未来予測にあたって、フォアキャスティングとバックキャスティングという2つの思考がある。前者は、従来一般に活用されている思考方法であり、いわゆるエビデンス（妥当性 justification）重視思考である。不確実性や曖昧さ（uncertainty and indeterminacy）は極力排除される。後者は、不確実性や曖昧さはあるもののさまざまなアクターによる討議による未来に適合的な「発見」が重視され、新たな価値（望ましい（望ましくない）未来像）の創造を目的としている（Dreborg 1996）。今日、バックキャスティング思考が脚光を浴びているが、それらにはどちらも長所短所がある（**表2**参照）。

種類	長所	短所
フォアキャスティング型シナリオ	過去・現在から展望、あるいは、専門家に対するヒヤリングなどによって、現在を起点として起こる可能性がある将来を描くことが可能である。	描かれた将来は過去や現在の状況によって影響を受けるため、過去に例のない事象については予測に反映させることが困難である。また、その将来が描き手にとって達成すべき目標を実現しているかどうかは保証されない。
バックキャスティング型シナリオ	現在の状況に関わらず、到達すべき将来像あるいは回避すべき将来像を想定することによって、現在から不連続的な変化を描くことが可能である。	バックキャスティングは将来から現在へと時間の流れに逆らった思考を必要とし、すなわち因果関係を逆方向に追いかける必要があるため、その実行はフォアキャスティングよりも容易ではない。

出所：木下（2015（一部変更））。

表2 ｜ フォアキャスティングとバックキャスティングの比較

　バックキャスティング思考は、従来の思考とは異なるために脚光を浴びるが、その活用には条件もある。a. 問題の複雑性、多くの関係者、社会の各レベルに大きな影響を与える、b. 現在からの劇的な変化、不連続な変化の必要性（現在からの段階的変化ではなく）、c. 支配的潮流による将来予測は、その潮流が解決すべき問題に含まれる、d. 市場が満足なコントロールを提供できない場合（問題が外部性に大きく依存している）、e. 時間軸が長く大きな選択の余地がある、といった条件で有利に作動できる（木下 2015：68）。

　フォアキャスティング思考とバックキャスティング思考はともに有意義である。**図2**は、それぞれの目標への移行過程を示したものである（概念図）。未来予測でも、過去についても評価・判断が必要である。どちらも、不確実性がともなう。過去の評価に比べて未来予測にはそれが強い。とりわけ、エビデンスに基づくフォアキャスティングよりも、新たな価値創造を目指すバックキャスティング思考の方が不確実性は強い。この不確実性を限界があっても確定できるのは討議である。とりわけ、不確実性が強いバックキャスティング思考では討議は第一級の位置を占める。討議による「発見（気づき）」の重視である。もちろん、不確実性を前提にした討議による評価・判断（発見を含めて）でも一致が見いだされるわけではない。

　どちらの未来予測にせよ、未来像を設定できたとしてもそれに向かう道は、単一ではない。移行過程も含めた未来像の設定が重要である。それも含めて討議による確定が行われる。フォアキャスティング思考は過去の問題点の改善に主眼がおかれる。

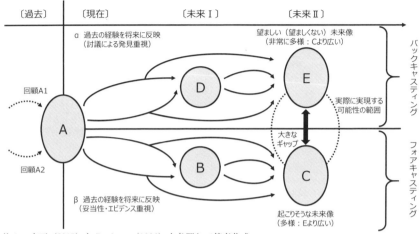

注1：木下（2015）と Dreborg（1996）を参照して筆者作成。
注2：Aは過去の評価、Bは短期予測（評価）、Cは中長期予測（評価）、Dは短期予測（評価）、E は中長期予測（評価）、である。どれも討議が不可欠である。αは、新たな価値創造のために過去の経験を将来に反映させる（価値創造、発見重視）。βは、エビデンスに基づく将来展望（妥当性重視）である。

図2 ｜ フォアキャスティングとバックキャスティングの思考の異同

それに対して、バックキャスティング思考は、価値創造である未来像に向かう成熟度の高度化に主眼がおかれる。

5.2 ｜ 価値創造としてのバックキャスティング思考

　筆者が構想するバックキャスト思考は、将来のあるべき姿から考えること、そしてこのあるべき姿を討議によって明確化することである（日本生産性本部 2020：7）。バックキャスト思考は、価値（将来のあるべき姿）とそれを明確化するための討議を重視する（新しい価値の創造）。つまり、あるべき姿の明確化は、当然そこに至る短期、中長期の課題を討議によって明確することである。その意味では、将来像の設定だけではなく、そこに至る過程を明確にすることが課題となる。

　しかし、現状を無視したあるべき姿は単なる空想となる。それについて筆者は、次のように考えている。価値創造を含めたバックキャスト重視の価値前提とフォアキャスト重視の事実前提との関係でもある。事実前提は「事実がこうだから、どうするのか」であり、この価値前提は「この価値を重視するから、こうする」という考えである。

価値前提は、大切にする価値の優先順位を決めておき、全員がその順位にそって判断するので、状況や場合による違いが生まれにくい」といわれる。

この事実と価値の二項対立は、規則基準と原則基準、部分最適と全体最適、方法思考と目的思考と関連がある。それぞれの前者で考える方は「ご都合主義になりがち」である。それに対して、それぞれの後者で考える方は「難しいし、専門的な知識も必要」である。この二項対立を前提とした議論では、価値前提（及びそれぞれの後者）で考えることが重視されている（日本経営品質賞委員会（日本生産性本部）2019：6、岡本 2003：7-8）。[*8]

筆者は、これらの二項は、けっして対立するものではなく相互に関連するもの、反復運動だと考えている。むしろ＜現状＝事実＞の中に淘汰される価値と新たな価値が存在する。

a. ＜現状＝事実＞は、課題はあろうとも歴史的に培われた「合理的なもの」（それなりに根拠がある）によって形成されている。

b. 価値は、外在的な（外からもたらされる、現実とかけ離れた）ものではなく、現状の中に「未来形成的なもの」（多様な要素を束ねて方向づける）が宿っている。

c. 価値は、固定したものではなく、その時々に変化するものであり、価値と事実との反復運動である。

d. 価値にも、階層があり、最も大きな価値変動は、パラダイム転換である（たとえば、戦前と戦後の地方自治の原則の大幅な変更、地方分権一括法の施行は、中規模な変更）。

「地域の未来予測」は新たな価値をめぐる討議によって生み出されたものであり、未来を創造するものである。

＊8　日本生産性本部による価値前提と事実前提には、二項対立を超える視点はある。インサイトという概念である。「表面に現れていないような潜在的パターンを読み取ること」である（日本経営品質賞委員会（日本生産性本部）2019：7）。「顧客が無意識のうちにとっている行動のなかに、新たな価値創造の機会を読み」とることである。事実前提と価値前提をつなげる視点である。

5.3 ｜ バックキャスティングと SDGs

　SDGs は、国連サミットで決められた国際社会の共通目標である（2015 年 9 月）。「SDGs はまさに現代版『大衆のアヘン』である」という批判もある（斎藤 2020：4）。しかし、SDGs が必要となった背景、構造的要因を踏まえれば、それらの対応（目標）を明確にした意味は大きい。再度強調すれば、「SDGs が必要となった背景、構造的要因を踏まえ」ることが必要である。SDGs には、17 の目標、そして 169 のターゲットが掲げられている。一般に、社会（1〜6のゴール）、経済（7〜12 のゴール）、環境（13〜15 のゴール）、そしてこの 3 つの分野を横断的に関わる枠組み（16、17）として整理されている。

　提起される政策と課題解決の主体という筆者の問題意識に即して示したのが、**表3** である。これらの目標は、現状の問題を踏まえつつ（フォアキャスティング）、バックキャスティング思考によって目標が設定されている。中央政府や地方政府を含めてそれぞれ目標とその実現の行程を設定して行動する。すでに指摘した SDGs と「ドーナツ経済」の発想と類似している。

　新シビル・ミニマムを組み込んだ開放型内発的発展論には、「バックキャスティング思考と SDGs」は不可欠な思考である。SDGs を踏まえて本章で提起した**表3**の層は、「ドーナツ経済」と密接に関連している。「個体維持」「地域づくり・社会資本整備」は、「社会的な土台」の最低限保障と、「全体にかかわる事項（平和・環境）」は「環境的な上限」（平和は社会的土台）と密接に関連している。「主体形成」を特出し

〔個体維持〕
「1 貧困をなくそう」「2 飢餓をゼロに」「3 すべての人に健康と福祉を」

〔地域づくり・社会資本整備〕
「4 質の高い教育をみんなに」「6 安全な水とトイレを世界中に」「7 エネルギーをみんなにそしてクリーンに」「8 働きがいも経済成長も」「9 産業と技術革新の基盤をつくろう」「10 人や国の不平等をなくそう」「11 住み続けられる地域づくりを」

〔全体にかかわる事項（平和・環境）〕
「13 気候変動に具体的な対策を」「14 海の豊かさを守ろう」「15 陸の豊かさも守ろう」「16 平和と公正をすべての人に」

〔主体形成〕
「5 ジェンダー平等を実現しよう」「12 つくる責任つかう責任」「17 パートナーシップで目標を達成しよう」

表 3 ｜ SDGs における政策的配置と主体形成

しているのは、時代を創造するのは住民であることを強調したいためである。

5.4 地域の未来予測の討議空間

　地域の課題を掘り起こし議論を巻き起こす課題、これは主権者（市民）教育の意味もある。また、広域連携や狭域自治が重要になる。今後の地域社会の課題をめぐる討議を巻き起こす課題がある。それに必要なのは討議であり、それは本来議会が得意とする分野である。

　その討議にあたって、バックキャスティングの議論と連結する。縮小社会は、衰退社会とは異なる。開放型内発的発展論にあたって、希望の地域経営を探ることになるからである。

　地域経営の今後にとっても、また地方議会改革にとっても将来を見据えることが必要である（「二元的代表制の作動とその射程」と「地域経営の議論を巻き起こす」の前提となる議論）。目前の課題に追われていれば、本来のミッション・ビジョンが達成できないのは、組織や個人、そして地域社会も同様である。その思考方法は問われるが、地方創生の議論はその1つである。そこで、地域の将来展望を構想する際の思考を考える必要がある。フォアキャスティング思考とバックキャスティング思考の射程を考える。その上で、それらの思考に基づいた地域の未来予測にあたっては、討議が必要であり、その討議にはフォーラムとしての議会が、市民間討議とともに第一級の位置を占める。討議による「発見・気づき（discovery）」の重視である。地域の未来予測と総合計画の関係についても考える必要がある。総合計画の実効性（比較的中短期）を保障しつつ未来予測（比較的長期）との関係を常に反省することである（江藤 2020）。

6 開放型内発的発展論から見る山梨のトピック：本著の課題

6.1 地方への眼差しの2つの視点

　地方の価値の重視、いわば地方の眼差しの転換を踏まえて、今後の地方をみる視点を確認してきた。従来の都市化重視の外来型開発に対して内発的発展論の優

位性を確認するとともに、展開要素として開放性、主体の豊富化、希望のビジョンを強調してきた。そしてそれをより充実させるためにシビル・ミニマムの今日的展開を試みた。それは、「都市化」論の限界だけではなく、縮小社会に即した総力戦としての主体形成である。そして、もう1つの展開として、地域ビジョン形成には、フォアキャスティング思考だけではなく、バックキャスティング思考も重要なこと、それには総力戦に即した討議と気づきが重要であることを強調した。まさに、今日強調されているSDGsの理念と合致している。

　地方への眼差しが熱くなっている。「価値の基盤となる農業を守り、発展させることがテーマとなる。そのために、価値の基盤となる農業をはじめとする地域産業や地域社会が、人口減少等により持続可能性を低下させていることを問題視するというスタンスに変化する」（小田切編 2022：218（小田切執筆部分））。

　とはいえ、すべての地方が衰退を免れるわけではない。いまだ多くの地方（自治体）は、減少（衰退）の道を歩んでいる。「縮む公共サービス」「バス・小中学校20年間で半減」といったタイトルのレポートはその1つ証左である（『北海道新聞』2022年1月30日付）。

　オルタナティブ（代替）である「価値地域」の転換には、地方を持続的に発展させる強い意思を住民、議会・議員、首長等が持つことである。そのために、「流入」の促進、「退出」の管理、「定着」の強化について、「住・交通」「商（消費）」「農・工（生産）」それぞれから政策的対応を考えなければならない[9]。その際、開放型内発的発展とバックキャスティング思考を重視することを強調してきた。

6.2 ｜ 本著の特徴

　地方は、すでに指摘したように、「心身統一体」＝地理的文化的条件の総体、地理的文化的条件に規定された生活形態（心身統一体）である。

　地方は、人口・高齢化比率だけで規定されるわけではない。人口減・高い高齢

＊9　縮小都市を分析した曽我（2016：165－166）を参照した。それは、制度論からの考察である。筆者は、これらを踏まえつつも、政府間関係の制度の重要性を強調している。今回は紙幅の都合で省略しているが、「人口ビジョン」「地方版総合戦略」など自治体行政計画の（努力）義務付けなど中央集権制の要素を加味する必要がある。

化比率をマイナスイメージで単純に評価されるわけではない。心身統一体という全体で評価されるべきであり、住民の愛着がその評価基準となるべきである。その愛着は、ソーシャル・キャピタルとも連動する。

　本著では、山梨を素材に心身統一体としての活きた地方にスポットを当てている。地方を規定する要因、およびとりわけ山梨のトピックに規定された、そして逆にそれらを規定する山梨の活き活きとした総体として捉えたい。まさに活きた統一体である（**表4**参照）。

　山梨の心身統一体に分け入って腑分けしつつ、総合化する。たとえば、山梨の特徴の1つである無尽は、一方では「健康寿命」の充実に貢献するとともに（本著第2章）、他方では「女性議員の少なさ」の要因となる。（「地縁・血縁　女性進出阻む——山梨　選挙応援の互助会『政治絡むと男性主導』」『朝日新聞』2022年3月8日）。また、高い空き家比率は、人口の自然減・社会減の表われであるとともに、二拠点居住、移住の条件にもなる。こうした連鎖は、無尽や高い空き家比率だけに見られるわけではない。1つ1つ腑分けしつつ総合化する作業が「山梨ならではの豊かさ」には必須である。

　本章で提起した開放型内発的発展論（シビル・ミニマム等を組み込んだ）によって、これらのトピックは現状分析でも政策提言においても、並列的ではなく重層的で相互

地方を規定する要因		山梨のトピック（例示）	
（自然）地理的要因	自然環境	国立・国定公園の多さ、水資源の豊富さ	人口減 ↑
	地理的配置	都市開発区域（甲府：首都圏整備法）、交通の整備*	
	人口	健康寿命の高さ	
社会・経済・政治的要因	社会	空き家率の高さ、移住者の多さ、自治会・消防団の弱体化、無尽の広がり	
	経済	農業・製造業・観光の進展	関係人口増 ↓
	政治・行政	市町村合併の推進、女性議員の少なさ、広域行政（定住自立圏・連携中枢都市圏の設置、一部事務組合の活性化）	
非常事態		富士山噴火の可能性	

注1：＊は、本来社会的要因であるが、地理的配置を規定するものとして、地理的要因に挿入している。
注2：科学技術の展開は、これら全体の推進力にも破壊力にもなる。

　表4　心身統一体としての地方と山梨のトピック（例示）

に関連あるものとして検討される。ただし、この課題に応えるにはもう一章別に必要になる。その余裕はないが、トピックの「頭出し」をしておこう。

　本著は、「山梨ならではの豊かさ」の一端を探ることを課題としている。「エコロジカル・フットプリント（環境負荷の低さ）」「健康寿命の高さ」「ものづくり産業（製造業特化係数の高さ）」「ワイン産業の隆盛」「農業の豊かさ」「水の豊かさ」といった切り口から山梨の「豊かさ」を探っている。「山梨ならではの豊かさ」の一端が理解できる。

　今後、これらだけではなく山梨の生まれている動向とともに総合的に考察する必要がある。本章で提起する開放型内発的発展の視点から山梨のトピックを位置付けよう。この開放型内発的発展は、SDGsの項目（ドーナツの経済の項目）を含んでいる。**表3**で示した「SDGsにおける政策配置と主体形成」で示した目標の層に山梨の動向を位置付けて全体像を確認し強みを理解したい（**表5**参照）。もちろん、この強みの把握は弱さ（取り組みが弱いテーマ）のあぶり出しにもなる。たとえば、右欄の一番下の「エンパワーメント、多様性」では、自治・議会基本条例だけを取り上げている。地方議会の女性議員比率の少なさを踏まえて「政治分野における男女共同参画推進法」の取り組みの弱さを浮き彫りにしている。なお、このために作成した**表5**は、あくまで試論である。これを素材に豊富化してほしい。

　心身統一体としての地方をみる視点からすれば、本著は弱点を伴う。

　1つは、「豊かさ」の強調は、山梨に内在している「貧しさ」を視野から遠ざける。この「貧しさ」は、見方を変えれば豊かさになるのか、そもそも「貧しさ」（そして豊かさ）という発想自体が経済至上主義のものなのかは、ここでは問わない。「豊かさ」と「貧しさ」を総合的に解明する必要がある。その視点に心身統一体としての地方は有用である。

　もう1つは、「山梨ならではの豊かさ」について農業、ワイン産業などといった領域ごとから探ることは、自然、社会・経済・政治の相互連関を軽視する。それぞれの領域での「山梨ならではの豊かさ」の解明は重要である。「豊かさ」を特徴づける自然、歴史、リーダーの資質等の解明は不可欠である。山梨総体の「豊かさ」、つまり本著で取り上げた領域それぞれがどのように関連しているのかの視点は後景に退く。「豊かさ」は自然、社会・経済・政治の相互連関で創出される。その視点の確

SDGs の政策配置	山梨のトピック
［20 世紀の課題：ドーナツの内側＋］ 【個体維持】 貧困をなくそう、飢餓をゼロに、すべての人に健康と福祉を 【地域づくり・社会資本整備等】 質の高い教育をみんなに、安全な水とトイレを世界中に、エネルギーをみんなにそしてクリーンに、働きがいも経済成長も、産業と技術革新の基盤をつくろう、人や国の不平等をなくそう、住み続けられる地域づくりを	【ナショナル・ミニマムの充実強化】 フードバンク、子ども食堂、ヤングケアラー対策 【生活基盤の充実】 シビル・ミニマムの充実（社会保障・社会資本（25 人学級）・社会保健） ソーシャル・キャピタルの充実（自治会・町内会、消防団の活性化、健康寿命 10 か条作成、健康長寿やまなし、育水日本一やまなし、豊かさ共創会議、スポーツ無尽、山梨えるみん認定制度）
［21 世紀の課題：ドーナツの境界線＋］ 【全体にかかわる事項（平和・環境）】 気候変動に具体的な対策を、海の豊かさを守ろう、陸の豊かさを守ろう、平和と公正をすべての人に 【主体形成】 ジェンダー平等を実現しよう、つくる責任つかう責任、パートナーシップで目標を達成しよう	【平和・環境】 山梨平和ミュージアム、海ゴミゼロ、リユース食器、エコロジカル・フットプリント、グリーンツーリズム、やまなしモデル P2G システム、やまなし 4 パーミル・イニシアチブ農産物等認証制度、農業世界遺産 【エンパワーメント、多様性】 自治・議会基本条例制定、女性活躍応援プロジェクト ＊地域 DX 推進協議会は山梨のトピック全体にかかわる

注１：左欄は SDGs の目標を類型化した表３に基づいている。ドーナツ経済との関係も示唆している（＋を示したのは正確にはその項目だけではないという意味）。それらは、バックキャスティング思考も含めている。
注２：左欄と右欄の【】は対応している。
注３：これら以外にも、開放型内発的発展論を理解するメディアの動きや主権者教育の充実も重要である。

表5	SDGs における「政策配置と主体形成」と山梨の動向

立でも、心身統一体としての地方の視点は有用である。

　山梨を含めた地方の総合的研究は、今後の課題である。とはいえ、本著で一貫して強調してきたことは、そこにある「豊かさ」を発見することである。「ないものねだり」ではなく「あるもの探し」を試みている。どの地方でも活用できる視点である。「足元を掘れ、そこに泉あり」（フリードリヒ・ヴィルヘルム・ニーチェ）、「地上の星」（中島みゆき）にも通じる視点である。

＊＊＊

　今後の地域経営にとって、住民、議会・議員、首長等の総力戦が不可欠であることを強調した。新たな実践であるがゆえに、答えが用意されているわけではない。

悩み苦しみながら歴史を創造する覚悟が必要である。すでに指摘しているように、内発性とともに開放性が必要である。悩みを相談し解決の方向を示唆してもらえるネットワークが地方には必要である。

　研究ネットワークを目指した山梨学院大学ローカル・ガバナンス研究センターや、主権者教育の拠点の1つである同生涯学習センターは廃止されている。また、早川町上流文化圏研究所や、小菅村多摩川源流研究所は、それぞれ輝いているが特定のテーマに特化している。

　山梨の今後を考える上で山梨総合研究所の役割は大きい。同研究所は、創立25周年を迎え、ネットワーク形成の場として機能することを試みている。25周年を機に恒常的な研究会を設置している。仄聞するところによると、現研究員は山梨県に存在する自治体、企業、大学、マスコミからの出向者により構成されている。設立時には、東京のコンサルタントからの出向者も多かった。同研究所も進化している。山梨研究が、地方の課題に切実にこたえることになり、結果的に日本や世界の豊かさにつながることを祈念している。地方が悩んでいる課題、たとえば人口減少や高い高齢化比率を研究することは、当該山梨にとっても重要であるとともに、それらは全国的な課題でもあるがゆえに、全国の地方に貢献する研究である。さらには世界に貢献するテーマもある。

　今後の地域ビジョンには、開放性や新たな住民像とともに、希望が重要であることを強調した。地域の希望には、討議による「希望の共有」、ローカル・アイデンティティの再構築（地域資源を生かした協働による地域づくり）とともに、「地域の内と外、さらには地域内同士での人と人とのつながり（人的ネットワーク）を広げていくこと」が必要である（玄田　2010：185）。山梨でも多様なネットワークがすでに存在している。その可視化、そして展開の核の1つとして山梨総合研究所が位置づけられることを期待している。

参考文献（引用文献、入門書、および最低限必要な文献のみを掲載）

江藤俊昭（1996a）「現代政治の諸相──国民国家の相対化とポスト福祉国家の局面での市民政治の可能性」山本啓編『政治と行政のポイエーシス』未来社

江藤俊昭（1996b）「地域開発と地域政治──外来型開発から内発的発展へ」山本啓編

『政治と行政のポイエーシス』未来社

江藤俊昭（2018）「統一地方選挙を住民自治の進化に（上）（下）——マニフェスト選挙：再考」（新しい議会の教科書 第 23 回（11 月 26 日）、24 回（12 月 10 日））『議員 NAVI』

江藤俊昭（2020）「地方議会評価による地域経営の高度化——日本生産性本部「地方議会評価モデル研究会」の成果を踏まえて——（上下）」『地方財務』2020 年 10 月 12 月号

江藤俊昭（2021）「『住民自治の根幹としての議会』の改革の新展開 — 改革を進めるための議会評価の試み」『自治総研』2021 年 11 月号（通巻 517 号）

岡本正耿（2003）『経営品質入門』生産性出版

小田切徳美（2014）『農山村は消滅しない』岩波新書

小田切徳美編（2022）『新しい地域をつくる——持続的農村発展論——』岩波書店

北原鉄也（1994）「国土計画」西尾勝・村松岐夫編『講座行政学』第三巻（政策と行政）、有斐閣

木下祐介（2015）「長期的な将来社会ビジョン構想のためのバックキャスティング」西條寿人編『フューチャー・デザイン』勁草書房

玄田有史（2010）『希望のつくり方』岩波新書

斎藤幸平（2020）『人新世の「資本論」』集英社新書

重森暁（1992）『分権社会の政治経済学—産業自治と生活者民主主義』青木書店

曽我謙悟（2016）「縮小社会をめぐる政治と行政——政治制度論による理論的検討」加茂利男・徳久恭子編『縮小都市の政治学』岩波書店

玉野井芳郎・清成忠男・中村尚司編（1978）『地域主義——新しい思潮への理論と実践の試み』学用書房

千葉真（1995）『ラディカル・デモクラシーの地平——自由・差異・共通善』新評論

日本経営品質賞委員会（日本生産性本部）（2019）『2019 年度版　日本経営品質賞アセスメント基準書』

日本生産性本部（地方議会改革プロジェクト）（2020）『地方議会評価モデル（地方議会の成熟度モデル）』

牧原出（2018）「自治体の人手不足で変革求められる政策概念」『週刊東洋経済』6

月 16 日号

松下圭一（1971a）『シビル・ミニマムの思想』東京大学出版会

松下圭一（1971b）『都市政策を考える』岩波新書

宮本憲一（1973）『地域開発はこれでよいか』岩波新書

宮本憲一（1989）『環境経済学』岩波書店

山本隆・山本恵子・八木橋慶一編（2022）『ニューミュニシパリズム』明石書店

Dreborg, Karl H（1996）"Essence of backcasting",in *Futures*, Vol. 28. No.9.

Huss, William R.（1988）"A move toward scenario analysis", in *International Journal of Forecasting*, 4.

Raworth, Kaite（2017）*Doughnut Economics: Seven Ways to Think Like a 21ˢᵗ-Centurary Economist.*（K. ラワース（黒輪篤嗣訳）（2021）『ドーナツ経済』河出書房新社）

Quist, Jaco=Philip Vergragt, "Past and future of backcasting: The shift to stakeholder participation and a proposal for a methodological framework", in *Futures*, Vol. 38, No. 9.

〔附記〕本章は、江藤（1996b、2018、2020）の一部を活用している。

データから見る
山梨県の概要

資　　料

1 | 位置と気候

1.1 | 位置

　山梨県は、日本列島のほぼ中央に位置し、周囲を長野県、静岡県、埼玉県、東京都、神奈川県に囲まれた、面積 4,465.27km²の内陸県である。隣接する長野県や静岡県とのつながりにおいて長い歴史を有し、中部地方の1つの県として分類されるが、後にも触れる人口の転出入の関係からすると、関東地方との関係性も強い（**図1**）。

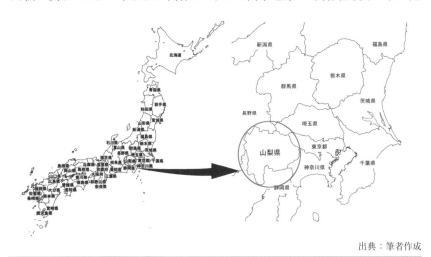

出典：筆者作成

図1 | 山梨県の位置関係

193

　県内には、北東部の埼玉県との境に秩父山塊、南部の静岡県との境に世界遺産である富士山、北部の長野県との境に八ヶ岳、西部の長野県及び静岡県との境に南アルプスを有するなど、周囲を急峻な山々に囲まれており、県土の約78%を森林に囲まれた自然環境豊かな土地となっている。

　山梨県は、県庁所在都市であり中核市の甲府市を始め13市8町6村の27自治体から構成され、いずれの市町村においても様々な名所や特産品等があり、県内はもとより県外、さらには国外にまで知られているものも多く存在する（**図2**）。

　本書で取り上げられているテーマに沿ったものとして、例えば、県内の大規模な産業集積地の1つでもある甲府市では、貴金属・宝石製装身具（ジュエリー）製品製造業（以下「ジュエリー製造業」という）が盛んである。また、山梨と言えば富士山と並んで連想されるものの1つとして、甲州市勝沼町のぶどうや、笛吹市一宮町のももが挙げられるのではないだろうか。同様に山梨と言われて連想するものの1つにワ

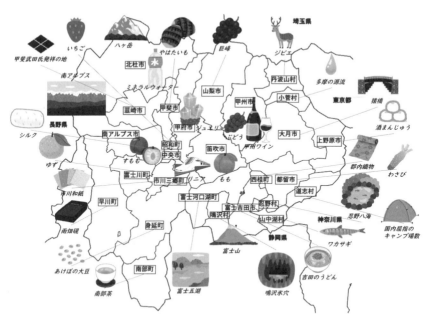

※一部複数の市町村に重なっている名所・特産品もある。
出典：各市町村で公開している情報を基に筆者作成

図2 ｜ 山梨県内の市町村と名所・特産品等

インが挙げられ、県内各地にワイナリーが点在し、ワインの醸造が盛んに行われているが、中でも「甲州」ワインは、今や世界でもその名が浸透しつつある。また、富士山や八ヶ岳、南アルプスを周囲に抱え、その雪解け水による水資源が豊富であることから、ミネラルウォーターとして広く国内外に出荷されている。他にも様々な名所や特産品等があるが、紙幅の関係上、ここでは代表例を挙げるに止めたい。

1.2 　気候

山梨県は、2021年の気象庁による観測データによると、総体的に夏暑くて冬寒い盆地特有の気候と言えるが地域により格差が大きい。長野県との境にある北杜市大泉町や富士山の麓にある山中湖は、比較的標高が高い高地特有の気候であり、冬場の寒さは特に厳しい。他方で、盆地の中心部に位置する甲府市では、夏の暑さが厳しい上に湿気も高く、温暖な気候である静岡県に近い南部町も比較的気温が高い。なお、降水量については、全国と比べて比較的少ない（**表1**）。

観測地点	気温（℃）			湿度（%）		降水量（mm）	
	年平均	日最高	日最低	年平均	日最小	月平均	日最大
甲府	15.7	37.7（8月）	-7.0（1月）	66	7（4月）	103.8	73.5（7月）
大泉	12.2	34.4（8月）	-10.3（1月）	―	―	96.3	68.0（8月）
南部	15.7	35.8（8月）	-6.5（1月）	71	13（11月）	217.0	154.0（7月）
山中	10.4	32.3（8月）	-14.4（1月）	―	―	184.2	142.5（3月）

出典：気象庁ホームページより「過去の気象データ検索」ページから2021年の各観測地点のデータを基に筆者作成

表1　｜　山梨県の主な地点の気候

そうした大きな気温の寒暖差はあるものの、比較的自然災害が少ない土地とされてきた山梨県であるが、夏場の異常な高温や梅雨の時期の長雨など地球温暖化の影響が頻繁に見られるようになっている。2014年2月に発生した大雪（平成26年豪雪）では、甲府市内でも前年までの49cmをはるかに上回る、観測史上最深雪となる1m14cmを記録し、自動車はもとより、電車やバス等の公共交通機関も軒並み運転を停止し、国道や中央自動車道も寸断されるなど甚大な被害をもたらした。また、2019年10月に発生した台風19号（令和元年東日本台風）では、甲府市内の最大風速が、1899（明治32）年以来の第2位の21.2m/sを記録した他、1日の降

水量も 1945 年以来の第 2 位の 169.0mm を記録するなど、甚大な被害をもたらした。自然環境の豊かさは、自然災害という恐ろしさと裏表の関係であることを痛感させられた出来事であった。

2 | 人口

2.1 | 人口動態及び将来推計人口

　山梨県の総人口は、2022 年 1 月 1 日現在で、816,231 人となっており、17 年前の 2005 年国勢調査時の 870,138 人から 5 万人強減少している（以下、**図 3**）。今後も減少は続くと予測されており、2015 年の国勢調査結果を基に国立社会保障・人口問題研究所が行った将来推計では、13 年後の 2035 年に 683,945 人と 60 万人台となり、23 年後の 2045 年には 598,935 人と 60 万人台を割る試算となっている。また、生産年齢人口割合も 2005 年の 63.3% から、2022 年には△ 5.7 ポイントの 57.6%、2040 年には 48.7% と 50% 台を割る試算となっている。一方、生産年齢人口割合と反比例するように高齢化率は年々上昇し、2005 年の 22.2% から、2022 年には＋ 8.8

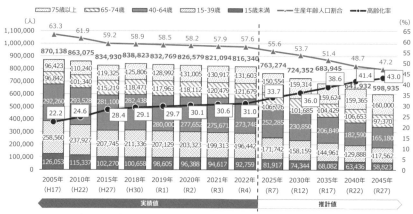

出典：2005 ～ 2015 年までは各年（10 月 1 日現在）実施の「国勢調査」結果、2018 ～ 2022 年までは各年（1 月 1 日現在）の「住民基本台帳に基づく人口、人口動態及び世帯数調査」結果、2025 年以降の推計値は、2015 年の国勢調査結果を基に、国立社会保障・人口問題研究所が作成した「日本の地域別将来推計人口（平成 30（2018）年推計）」を基に筆者作成

図 3 ｜ 山梨県の人口動態及び将来推計

ポイントの 31.0% となり、2040 年には 41.4% と 40% 台を超える試算となっている。

　同じ国立社会保障・人口問題研究所が行った将来推計でも、2010 年の国勢調査を基にした推計では、2040 年の総人口が 666,000 人と示されていた。今回参考とした 2015 年の国勢調査を基にした推計では、2040 年の総人口は 641,932 人と試算されている。その推計値の差は約 2 万 4 千人であり、この差には 2010 年と 2015 年の各国勢調査の結果が反映されており、将来人口の減少スピードが速まっていることが窺える。

　課題は総人口だけではない。先にも触れたとおり、総人口の減少と合わせて生産年齢人口割合が減少するとともに、それらに反比例して高齢化率が上昇していくのである。2005 年から 2045 年までの 40 年間で見ると、生産年齢人口割合は 63.3% から 47.2% へと 16.1 ポイントの減少、高齢化率にいたっては 22.2% から 43.0% と、約 2 倍の 20.8 ポイントの増加という試算となっている。

2.2 ｜ 人口動態の推移

　人口動態について、2012 年から 2021 年までの 9 年間の自然増減、社会増減の推移から見てみると、出生数の減少と死亡者数の増加による自然減が進んでいることが分かる。これは、先にも触れた生産年齢人口割合の減少と高齢者の増加ともつながる。また、転入者は 2019 年まで増加傾向にあったものの、同時に転出者数も増加傾向にあったことから、この間社会減も続いていた（以下、**図 4**）。

　状況が変わったのが、2019 年の年末から 2020 年の年始に掛けて拡大が始まった、新型コロナウイルス感染症による影響である。特に国内で最初の緊急事態宣言が出された 2020 年は、転出入ともに減少し、翌 2021 年には、転出者 30,470 人に対し転入者 31,154 人となり、684 人の転入超過となった。

　この転入超過の背景には何があるのか。国内で新型コロナウイルス感染症が蔓延拡大していった 2020 年から 2021 年に掛けて、東京都だけでなくそこに埼玉県、千葉県、神奈川県を含めた東京圏でも転出超過が相次いだことが大きな要因として挙げられる。では、何故、それら東京圏で転出超過が相次いだのか。その背景には、コロナ禍におけるリモートワーク導入の拡大やサテライトオフィスの整備、ワーケーションの推進により地方への移住が進んだことや、多くの大学におけるオンライン講義の定

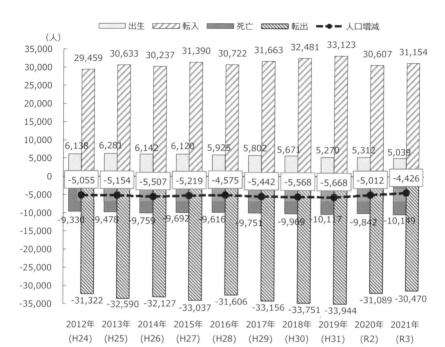

凡例：□出生　▨転入　■死亡　▧転出　‐●‐人口増減

	2012年(H24)	2013年(H25)	2014年(H26)	2015年(H27)	2016年(H28)	2017年(H29)	2018年(H30)	2019年(H31)	2020年(R2)	2021年(R3)
転入	29,459	30,633	30,237	31,390	30,722	31,663	32,481	33,123	30,607	31,154
出生	6,138	6,281	6,142	6,120	5,925	5,802	5,671	5,270	5,312	5,039
人口増減	-5,055	-5,154	-5,507	-5,219	-4,575	-5,442	-5,568	-5,668	-5,012	-4,426
死亡	-9,330	-9,478	-9,759	-9,692	-9,616	-9,751	-9,969	-10,117	-9,842	-10,149
転出	-31,322	-32,590	-32,127	-33,037	-31,606	-33,156	-33,751	-33,944	-31,089	-30,470

出典：総務省による各年（1月1日から12月31日まで）の「住民基本台帳人口・世帯数、人口動態（総計）」をもとに筆者作成

図4 ｜ 山梨県の人口動態の推移

着により、大学の近くに引っ越す必要がなくなったこと等が挙げられる。

3 ｜ 上昇し続ける高齢化率と健康

3.1 ｜ 在宅寝たきり高齢者数

　これまで見てきたとおり、山梨県では、高齢化率が年々上昇しており、特に「第1次ベビーブーム世代（団塊の世代）」が前期高齢者（65〜74歳）となった2015年から10年後の2025年には、同世代が必然的に後期高齢者（75歳以上）となる。全国では約3,500万人に達するとも推計され、高齢化の進展の「速さ」から高齢化率の「高さ」へと問題が移っていくとされる。いわゆる「2025年問題」である。

その15年後の2040年には、「第2次ベビーブーム世代（団塊ジュニア世代）」が65歳以上の前期高齢者となり、生産年齢人口（15〜64歳）の内、現役人口（20〜64歳）は約1,000万人減少すると見込まれている。いわゆる「2040年問題」である。

そうした状況下において、山梨県内では、2022年4月1日現在、全高齢者（65歳以上）253,395人の内、在宅で生活を送り、かつ寝たきりの状態の高齢者は8,299人おり、その割合は約3.3％となっている（**図5**）。こうした県内の在宅寝たきり高齢者の数は、2013年から2018年に掛けて増加傾向にあったものの、そこから2020年に掛けては減少傾向に転じ、以降は横ばい状態となっている。

そうした中でも目立って多いのが75歳以上の高齢者で、これは後に取り上げる認知症高齢者数ともつながる要素である。他方、2020年から2022年までの間に、総体では減少傾向にある中で、逆に増加傾向にあるのが65〜74歳の前期高齢者の数である。特に、男性においてその増加数は女性の約2倍となっている。

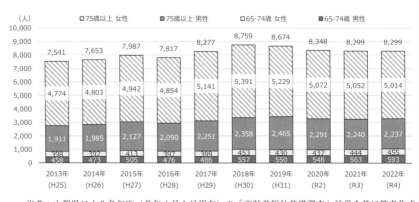

出典：山梨県による各年度（各年4月1日現在）の「高齢者福祉基礎調査」結果を基に筆者作成

図5　山梨県の在宅寝たきり高齢者の状況

3.2　認知症高齢者数

こうした在宅で寝たきりの生活を送る高齢者の数とは異なり、2013年から2021年に掛けて一貫して増加しているのが認知症高齢者の数である。認知症と言ってもその症状や進行度等により様々であるが、先にも述べたとおり、目立って多いのが75

歳以上の女性であり、在宅での寝たきり生活と認知症との関連性はある程度高いものと考える（**図6**）。

　また、2013年から2022年までの9年間での増加率を比較すると、75歳以上の男性が29.5%増で最も高く、次いで65〜74歳の男性が23.5%増と高い伸びを示しており、特に65〜74歳の男性については、認知症高齢者全体の数から見ると僅かではあるが、男性の認知症高齢者の数の増加傾向が浮き彫りとなった。

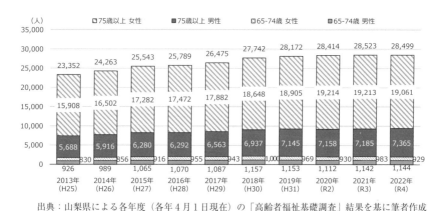

出典：山梨県による各年度（各年4月1日現在）の「高齢者福祉基礎調査」結果を基に筆者作成

図6 ｜ 山梨県の認知症高齢者の状況

　1997年12月に制定され、2000年4月から施行された介護保険法は、これまでに何度も改正を重ねており、その間に認知症施策の推進を始め、地域包括ケアシステムの構築、地域共生社会の実現など、年を重ね福祉サービスの提供が必要となっても、安心できる環境で日常生活を送ることが基本目標の1つとして目指されてきた。国が目指す適切な在宅生活とは何なのか。その重要な要素の1つが健康でいることではないだろうか（第1章・第2章参照）。

4 ｜ 代表的産業としてのジュエリー製造業

　山梨県には、第１次産業としての農林業から、第２次産業としての工業、そして第３次産業としてのサービス業まで幅広い事業者が数多く存在する。中でも代表的な産業の１つに、ジュエリー製造業が挙げられる（第３章参照）。

　県内には、2020年現在で、ジュエリー製造業の事業者が90社あり、全国の36.9%を占めるとともに、同年の出荷額は、265億2,658万円と全国の19.5%を占め、全国をリードする産業の１つである（**図7**）。

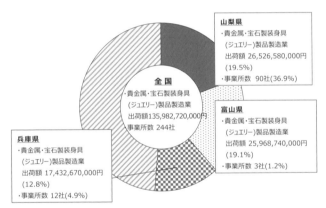

※事業所数では、東京都が38社で第２位、埼玉県が23社で第３位となっている。
出典：経済産業省大臣官房調査統計グループ構造統計室（2021）「2020年工業統計表 地域別統計表」より「2. 都道府県別産業別統計表」を基に筆者作成

図7 ｜ 都道府県別の貴金属・宝石製装身具（ジュエリー）製品製造業の出荷額及び事業所数

　こうしたジュエリー製造業の発展について、現在では景勝地としての価値が認められ、日本遺産に認定されている、県庁所在都市の甲府市と隣接する甲斐市とにまたがる昇仙峡は、かつて水晶の産出で賑わい、その研磨や販売による同産業を起点に、現在のエレクトロニクス産業やそこでの精密加工技術に活かされている（渡邊2016：46-47）。

　この先の県内産業の将来像を想像してみると、東京・名古屋間を通るリニア中央

新幹線に山梨県駅（仮称）が設置され、同駅周辺には東京方面と長野・名古屋方面を結ぶ中央自動車道のインターチェンジ設置も想定されており、周辺整備において様々な産業の集積が期待される。

　また、2002 年に一部開通した、太平洋を望む静岡県と日本海を望む新潟県とを結ぶという壮大な計画に基づく中部横断自動車道は、当初の計画から建設期間が延び、2021 年 8 月に山梨県と静岡県を結ぶ区間が全線開通し、今後は長野県方面の接続が待たれるところであるが、こうした交通網の整備は、更なる県内産業の発展を約束してくれるだろう。

5 世界に誇る農作物

　山梨県民が普段何気なく口にしているぶどうやもも、すももは、東京都を始め首都圏に出荷されると高級品として専門店に並んだり、レストランで提供されたりする。県内で最も収穫される果樹農作物はぶどうで、2021 年の年間収穫量は 40,600t と全国の 24.6% を占めている。次いで収穫量が多い長野県と岡山県の 3 県で実に全国の約半分を占めている（**図 8**）。ぶどうに次いで県内で多く収穫される果樹農作物はももで、2021 年の年間収穫量は 34,600t と全国の 32.2% を占めている。ももにいたっては、次いで収穫量が多い福島県と長野県の 3 県で、ぶどうより更に多い、全国の約 6 割を占めている（**図 9**）。それらぶどうとももに次いで県内で多く収穫される果樹農作物はすももで、2021 年の年間収穫量は 6,680t と全国の 35.5% を占めている（**図 10**）。

　これら 3 つの果樹農作物は、その収穫量でいずれも全国一であり、ぶどうとももの一大生産地である甲州市・笛吹市・山梨市で構成される峡東地域は、2017 年 3 月に日本農業遺産に、2022 年 4 月には世界農業遺産にそれぞれ認定されている。先の気候の紹介でも触れたとおり、県内は夏と冬との寒暖差が激しく、そうした気候がぶどうやももの栽培には向いており、それが後に取り上げるワイン醸造にもつながっている（第 4 章参照）。

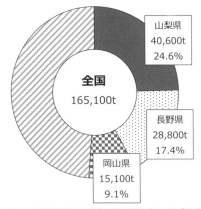

出典：農林水産省大臣官房統計部（2022）「作物統計調査 令和3年産日本なし、ぶどうの結果樹面積、収穫量及び出荷量」を基に筆者作成

図8 ｜ 都道府県別のぶどう収穫量

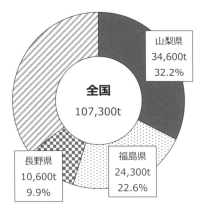

出典：農林水産省大臣官房統計部（2022）「作物統計調査 令和3年産もも、すももの結果樹面積、収穫量及び出荷量」を基に筆者作成

図9 ｜ 都道府県別のもも収穫量

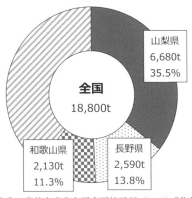

出典：農林水産省大臣官房統計部（2022）「作物統計調査 令和3年産もも、すももの結果樹面積、収穫量及び出荷量」を基に筆者作成

図10 ｜ 都道府県別のすもも収穫量

6 ｜ 世界に誇る「甲州」ワインと豊富な水資源

　最近では家庭の食卓でもごく普通に飲まれるようになったワインは、ぶどうの品種か

ら由来する「甲州」の名称が付けられることからも分かるように、山梨県が世界に誇る産品の１つである。国内でワインの本格的な醸造が始まったのは明治時代にまでさかのぼり、その歴史は古い（第５章参照）。

そうした長い歴史の中で培われてきた県内の日本ワイン醸造[*1]は、2021 年現在のワイナリー数 92 場や製成数量 4,334kℓという数字からもその発展が読み取れる。これだけ多くのワイナリーに囲まれ、日常生活の中にワインの存在がある県は他にはないのではないだろうか（**図 11**）。

山梨県は、ワイン以外にも酒類の製造が盛んで、日本酒、ウイスキー、地ビールなど様々な酒類が各地でつくられているが、こうした醸造の各過程において不可欠な原料の１つに水が挙げられる。水資源の豊富な山梨県では、冒頭でも触れたとおり、急峻な山々に囲まれ、その雪解け水等による水源地も多い。県北東部に位置する小菅村と丹波山村は、神奈川県と東京都を流れる多摩川水系の水源地であり、道志村は横浜市への水の供給地である他、富士山や南アルプスの雪解け水はミネラル分

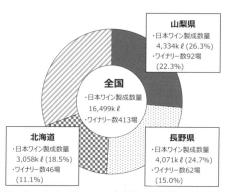

※ワイナリーについては、奈良県、佐賀県、沖縄県を除く 44 都道府県に存在する。

出典：国税庁課税部酒税課（2022）「酒類製造業及び酒類卸売業の概況（令和３年調査分）」47、53-55 頁を基に筆者作成

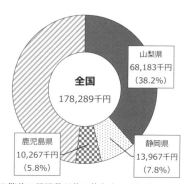

※僅差で長野県が第４位となっている。

出典：経済産業省大臣官房調査統計グループ構造統計室（2021）「2020 年工業統計表 品目別統計表」より「1. 製造品に関する統計表」を基に筆者作成

図 11	都道府県別の日本ワイン製成数量及びワイナリー数

図 12	都道府県別のミネラルウォーター出荷額

*1　日本ワインとは、日本国内で栽培されたぶどうを 100% 使用して日本国内で醸造されたワインのこと（日本ワイナリー協会ホームページより「日本ワインの基礎知識」ページ＜ https://www.winery.or.jp/basic/knowledge/ ＞（最終閲覧日：2022 年 9 月 1 日））。

を多く含むことから、飲料水として国内外に出荷されている（第6章参照）。

　そうしたミネラルウォーターの出荷額について、2020年の年間出荷額で、山梨県は68,183千円と全国の38.2%を占めている。次いで出荷額の多い静岡県や鹿児島県と大きな差を付けているのも特徴的である（**図12**）。

　先に取り上げたぶどうやもも、すももの畑を始め、地域に古くから根付いているワイナリーや、豊かな水資源を与えてくれる富士山や南アルプスの存在は、いずれも山梨県民にとっては日常生活に溶け込んだ見慣れた景色であるが、それらのいずれもが世界に誇れる資産であり、魅力であることを忘れてはならないと実感する（古屋2016：92）。

7 ｜ 移住希望と空き家率

　ここまで取り上げてきた様々な山梨県の魅力の効果もあってか、認定NPO法人ふるさと回帰支援センター（東京）が2011年から毎年行っている移住希望地に関するアンケート調査結果で、山梨県は一部の年を除き頻繁に上位3位内に入っている（**表2**）。同センターのアンケート調査結果によると、移住希望者は特定の世代に限らず、U・

	2011年 (H23)	2012年 (H24)	2013年 (H25)	2014年 (H26)	2015年 (H27)	2016年 (H28)
第1位	長野県	長野県	長野県	**山梨県**	長野県	**山梨県**
第2位	福島県	岡山県	**山梨県**	長野県	**山梨県**	長野県
第3位	千葉県	福島県	岡山県	岡山県	島根県	静岡県

	2017年 (H29)	2018年 (H30)	2019年 (H31)	2020年 (R2)	2021年 (R3)
第1位	長野県	長野県	長野県	静岡県	静岡県
第2位	**山梨県**	静岡県	広島県	**山梨県**	福岡県
第3位	静岡県	北海道	静岡県	長野県	**山梨県**

※本ランキングは、認定NPO法人ふるさと回帰支援センター（東京）が、毎年、窓口利用者を対象に実施しているアンケート調査結果を基にまとめられている。
出典：認定NPO法人ふるさと回帰支援センターホームページ< https://www.furusatokaiki.net/ >で公開されている情報を基に筆者作成（最終閲覧日：2022年9月1日）

表2 ｜ ふるさと回帰支援センター（東京）による移住希望地ランキング

Iターンの若者世代もいれば、定年退職後の高齢者世代も見られる。

　そうした魅力的な土地柄であるにも関わらず、山梨県は全国で空き家率が最も高い結果を示している。5年毎に行われる住宅・土地統計調査によると、山梨県の空き家率は2013年の22.0%よりは改善しているものの、最新の2018年では21.3%で引き続き全国で最も高く、最も低い埼玉県の10.2%と比べて2倍以上の差が開いている（**表3**）。

　その要因としては、本調査に二次的住宅、つまり別荘等も含まれているということが大きいが、日本有数の別荘地でもある北杜市の清里地区や富士山麓の地域では、その多さもさることながら、所有者の高齢化やコロナ禍における移動の制限等により、管理が行き届いていないという課題も見られる。

	空き家率の高い都道府県				空き家率の低い都道府県		
		2018年（H30）	2013（H25）			2018年（H30）	2013（H25）
1	**山梨県**	21.3%	22.0%	1	埼玉県	10.2%	10.9%
2	和歌山県	20.3%	18.1%	1	沖縄県	10.2%	10.0%
3	長野県	19.5%	19.8%	3	東京都	10.6%	11.1%
4	徳島県	19.4%	17.5%	4	神奈川県	10.7%	11.2%
5	高知県	18.9%	17.8%	5	愛知県	11.2%	12.3%
5	鹿児島県	18.9%	17.0%	6	宮城県	11.9%	9.4%
7	愛媛県	18.1%	17.5%	7	山形県	12.0%	10.7%
8	香川県	18.0%	17.2%	8	千葉県	12.6%	12.7%
9	山口県	17.6%	16.2%	9	福岡県	12.7%	12.7%
10	栃木県	17.4%	16.3%	10	京都府	12.8%	13.3%

出典：総務省統計局（2019）「平成30年住宅・土地統計調査 住宅概数集計結果の概要」3頁を基に筆者作成

表3　｜　都道府県別の空き家率（二次的住宅を含む）

8 ｜ まとめ

　本資料では、山梨県全体を対象に統計データを取り上げたが、例えば人口動態や介護関係に関するデータなど、県内各市町村を始め全国どの自治体でも同様に調べることができるものとなっており、データサイエンスの重要性が叫ばれる昨今、本書

に関心を持って頂いた読者の方には、是非自身の住まわれている自治体のデータについて、この機会に触れてみて頂いてはどうだろうか。

　ここまで取り上げてきた山梨県の概要は、本書の主題である「豊かさ」にもつながる要素ばかりであり、それは山梨県がいかに暮らしやすいかという地域的優位性を確保していくためにも重要な視点となる（澁谷 2016：20）。

　そもそも「豊かさ」を考えるにあたっては、各人が日常生活を送る土地と切り離して考えることはできない。そうであるからこそ、その土地でともに生きる多様な価値観を有する人々とのつながりが、「豊かさ」の大きな要素の1つなのではないだろうか。

　本付録では、あくまで本書の各章に関連する県内の統計データについて取り上げたが、山梨ならではの「豊かさ」という本書の主題に沿うならば、ここで取り上げたもの以外にも山梨ならではの「豊かさ」を示す指標は数多くあり、それはものに限らずそこで暮らす人にも当てはまるものである。

　本書は、そうした山梨県が持つ魅力的な資産に基づく「豊かさ」について、幅広いテーマから捉え直そうと試みられているものであり、本書が県内外の多くの方に読まれ、幅広い世代の方に山梨県に興味を抱いてもらうきっかけとなることを期待する。

参考文献等

今井久「地方が注目される時代」公益財団法人山梨総合研究所 NewsLetter Vol.289-2（2022年8月31日）< https://www.yafo.or.jp/2022/08/31/17540/ >

今井久「山梨ならではの豊かさ」公益財団法人山梨総合研究所 NewsLetter Vol.278-2（2021年9月30日）< https://www.yafo.or.jp/2021/09/30/15048/ >

澁谷彰久（2016）「山梨の人口予測と将来ビジョン くらしやすさ世界一を目指して」澁谷彰久・波木井昇・安達義通編著『人口減少社会と地域力の創造 山梨県立大学共同プロジェクト』日本評論社、1-26

清水洋介「山梨総研社会経済リポート 企業が拓く未来 地方の「豊かさ」」『山梨日日新聞』（2022年8月27日）

古屋亮（2016）「山梨の農業と未来」澁谷彰久・波木井昇・安達義通編著『人口減少社会と地域力の創造 山梨県立大学共同プロジェクト』日本評論社、83-100

渡邉たま緒（2016）「製造業の発展」澁谷彰久・波木井昇・安達義通編著『人口減少社会と地域力の創造 山梨県立大学共同プロジェクト』日本評論社、46-65

山梨県（2022）「やまなし県のあらまし2022」< https://www.pref.yamanashi.jp/koucho/aramashi/2022_aramashi.html >（最終閲覧日：2022年9月1日）

<執筆者一覧>

序　章：公益財団法人　山梨総合研究所　理事長　今井　久
　　　　山梨学院大学　経営学部　教授　山梨県立大学　特任教授

第1章：特定非営利活動法人　エコロジカル・フットプリント・ジャパン
　　　　理事　清野　比咲子

第2章：山梨大学大学院　総合研究部　医学域　社会医学講座　教授
　　　　山縣　然太朗

第3章：株式会社山梨中央銀行　地方創生推進部　山梨未来創生室　室長
　　　　岡本　新一
　　　　山梨中銀経営コンサルティング株式会社　経済調査部　部長
　　　　小柳　哲史

第4章：技術士（農業部門）、山梨県職員　千野　正章
　　　　公益財団法人　山梨総合研究所　特別研究員

第5章：公益社団法人　やまなし観光推進機構　理事長　仲田　道弘

第6章：山梨大学大学院　総合研究部　附属国際流域環境研究センター
　　　　准教授　中村　高志

終　章：大正大学　社会共生学部　公共政策学科　教授　江藤　俊昭

資　料：公益財団法人　山梨総合研究所　研究員　宇佐美　淳

表紙デザイン：神山　奈緒子

山梨ならではの豊かさ
～地方が注目される時代へ～

令和 4 年12月 1 日　第 1 刷発行

編　著　　今井　久
　　　　　公益財団法人山梨総合研究所

発　行　　株式会社ぎょうせい
　　　　　〒136-8575　東京都江東区新木場 1 - 18 - 11
　　　　　URL：https://gyosei.jp

　　　　　フリーコール　0120-953-431
　　　　　ぎょうせい　お問い合わせ　検索　https://gyosei.jp/inquiry/

〈検印省略〉

印刷　ぎょうせいデジタル株式会社　　　　　　　　Ⓒ2022　Printed in Japan
※乱丁・落丁本はお取り替えいたします。
ISBN978-4-324-11229-8
（5108844-00-000）
〔略号：山梨ならでは〕